A imagem divina
e o pó da terra

Alexandre Leone

A imagem divina e o pó da terra

Humanismo sagrado
e crítica da modernidade
em A. J. Heschel

Edições Loyola

Dados Internacionais de Catalogação na Publicação (CIP)
(Câmara Brasileira do Livro, SP, Brasil)

Leone, Alexandre
A imagem divina e o pó da terra : humanismo sagrado e crítica da modernidade em A. J. Heschel / Alexandre Leone. -- São Paulo : Edições Loyola (Aneas), 2025. -- (Cristianismo e modernidade)

Bibliografia.
ISBN 978-65-5504-448-5

1. Filosofia judaica 2. Filosofia moderna - Século 20 3. Heschel, Abraham Joshua, 1907-1972 4. Humanismo 5. Judaísmo e humanismo I. Título. II. Série.

25-265330 CDD-181.06

Índices para catálogo sistemático:
1. Filosofia judaica 181.06
Cibele Maria Dias - Bibliotecária - CRB-8/9427

Diretor geral: Eliomar Ribeiro, SJ
Editor: Gabriel Frade

Capa: Ronaldo Hideo Inoue
Diagramação: Sowai Tam
Revisão: Tarsila Doná

Capa montada a partir da interpretação artística de Abraham Joshua Heschel (1968) por Monozigote (© Wikimedia Commons), com ajuste de cores em relação à arte original. Na contracapa, detalhe da imagem generativa (editada) de © Larysa (Adobe Stock).

Trabalho executado com utilização de fontes BW (BibleWorks)*.

BW (BibleWorks) PostScript® Type 1 and TrueType fonts Copyright ©1994-2015 BibleWorks, LLC. All rights reserved. These Biblical Greek and Hebrew fonts are used with permission and are from BibleWorks (www.bibleworks.com).

Rua 1822 n° 341, Ipiranga
04216-000 São Paulo, SP
T 55 11 3385 8500/8501, 2063 4275
editorial@loyola.com.br, vendas@loyola.com.br
loyola.com.br, 🌐📘📷🎵 @edicoesloyola

Todos os direitos reservados. Nenhuma parte desta obra pode ser reproduzida ou transmitida por qualquer forma e/ou quaisquer meios (eletrônico ou mecânico, incluindo fotocópia e gravação) ou arquivada em qualquer sistema ou banco de dados sem permissão escrita da Editora.

ISBN 978-65-5504-448-5

© EDIÇÕES LOYOLA, São Paulo, Brasil, 2025

À Selma, minha Estrelinha,
ao meu pai, meu primeiro mestre,
e a toda a minha família,
por sua paciência, ajuda e compreensão. (2002)

Agradecimentos

Gostaria de registrar aqui meu agradecimento a todos aqueles que, direta ou indiretamente, ajudaram-me na elaboração deste trabalho, em especial:

Ao Professor lzidoro Blisktein, pela orientação estimulante e carinhosa.

À Professora Gênia Migdal, pela ajuda nos textos em iídiche, e aos colegas e professores do Centro de Estudos Judaicos da Faculdade de Filosofia, Letras e Ciências Humanas (FFLCH) da Universidade de São Paulo (USP), pela troca frutífera de ideias.

Ao Professor Peter Geffen e à sua equipe na Heschel School de Nova York, pelo estímulo e apoio na busca de materiais e textos para este estudo.

Ao CNPq (Conselho Nacional de Desenvolvimento Científico e Tecnológico), pelo financiamento da pesquisa.

E aos amigos, em especial a Adriana Aizenstein e a Fábio Weintraub, pelo inestimável auxílio técnico prestado.

Quem derramar o sangue do homem, pelo homem
será o seu próprio derramado, pois à imagem de
Deus fez Ele o homem.
(Gênesis 9,6)

E o Eterno Deus passou a formar o homem do pó da
terra e a soprar nas suas narinas o fôlego da vida, e o
homem veio a ser uma alma vivente.
(Gênesis 2,7)

Os homens como espécie estão, decerto, há milênios,
no fim de sua evolução; mas a humanidade como
espécie está no começo.
(Walter Benjamin)

Sumário

Prefácio	13
Aspectos gerais do humanismo hescheliano	17
Abraham Joshua Heschel	22
Influência do hassidismo	23
Vida intelectual na Alemanha	26
O profeta	28
Mas voltemos à vida de Heschel	36
Apelo profético	40
Imagem divina	41
O pó da terra	45
"Mensch"	51
"Der Shem Hamefoiresh: Mensch"	59
Heschel e a palavra	77
O "mensch"	82
O Profeta ("homo sympathetikos")	95
O "páthos" divino	107
"Páthos" e antropologia	115
"Homo sympathetikos"	118
Fenomenologia	122
Antropologia divina: a Bíblia	126
Entre o anjo e a besta	129
A civilização técnica	134

O sentido da existência 141
Pensando o homem em termos humanos 145
Crítica a algumas definições do homem 150
Aspectos da existência humana 157
    Preciosidade 157
    Singularidade 159
    Universo interior e oportunidade 161
    Não finalidade 162
O homem faz sua história 163
    Solidão e solidariedade 164
    Reciprocidade 165
    Santidade 167
A essência do homem 170

Salto de ação 181
Ação social 192
Nenhuma religião é uma ilha 195
A mobilização em prol dos direitos civis e humanos 199
O movimento contra a Guerra do Vietnã 204
Nem todos são culpados, mas todos são responsáveis 209

Dignidade humana e renovação judaica 213
Antropologia religiosa 217
Herético da modernidade 222

Apêndice – Cronologia de Heschel 231

Bibliografia 235
Obras de Heschel 235
Comentários à obra de Heschel 236
Bibliografia auxiliar 239

Prefácio

Precursor dos estudos sobre Heschel no Brasil, as reflexões de Alexandre Leone reabrem a questão própria à modernidade quanto à dissociação entre filosofia e teologia. Não se trata aqui de nenhuma subordinação de uma à outra, tampouco a teologia é entendida como "ciência do sagrado". Heschel se afasta, nos explica o autor, da tradição filosófica predominante no Ocidente – a do desencantamento do mundo – e também do fundamentalismo judaico, uma vez que sua reflexão articula temporalidade e ética, pensamento e emoção: "A religião", lê-se, "deve enfrentar as questões profundas da existência humana histórica, denominada [por Heschel] de questões últimas. A mensagem hescheliana é a de que não é possível pensar o judaísmo depois de Auschwitz e de Hiroshima a não ser a partir da dignidade humana" (p. 216). A tradição aqui presente é, sobretudo, a do humanismo da Renascença italiana e, em particular, de Pico della Mirandola. Não mais o mundo antigo da especulação, nem o medieval da contemplação, mas sim o das atividades que dirigem o homem e seu caráter, ampliando o sentido do infinito potencial humano. O homem, com sua *virtù*, vence os obstáculos adversos, fazendo-se "senhor da *fortuna*", dessa temporalidade caprichosa, inconstante e incerta. Colocando-se na natureza, o homem nela instala seu reino segundo suas próprias exigências: o mundo é obra de sua criação. Reino terreno, ação humana, criação humana: combate-se a tendência ascética do mundo antigo, a vida monástica cristã da Idade

Média e a imperturbabilidade estoica. O homem se faz a si mesmo por si mesmo, e o ser humano é entendido sempre como digno. A escravidão, longe de ser natural, é monstruosa, e são horríveis a luta e a perseguição por divergências de culto ou de estirpe.

É no horizonte da unidade de crenças, mostra Alexandre, e além de dissensões e de seus ritos, que se implanta a visão da universalidade do valor do espírito humano e que se traduz, para Heschel, em uma afetiva simpatia humana. Lembre-se, ainda, que a *dignidade humana* refere-se aos valores da racionalidade, racionalidade entendida simultaneamente como geometria cósmica e responsabilidade civil. Nesse sentido, Alexandre observa: "O humanismo sagrado é o principal legado da obra de Heschel. Nesse sentido, sua obra pode ser interpretada como a de um radical humanista religioso que buscou salvaguardar a santidade humana diante da barbárie [...]. [Diante do relativismo ético dos valores morais da modernidade] ele nos convoca a imaginar a condição humana da perspectiva da compaixão e da concernência absoluta. Heschel é um filósofo da redenção" (p. 214).

O filósofo faz a crítica aos totalitarismos associando-os ao desenvolvimento da modernidade em sua dimensão utilitária, que faz do homem um instrumento para o acúmulo de bens materiais e um objeto exposto à guerra. Heschel não se vale, para isso, da noção de culpabilidade, mas antes *responsabilidade*, apontando, assim, para o humanismo como doutrina filosófico-teológica: "Ao perguntar, porém, sobre a responsabilidade [dos crimes nazistas], Heschel se dirigia a todas as pessoas que viveram aquele trágico momento. Pois a questão não se resumia a se ter permanecido alheio aos crimes nazistas, mas, antes, em não se ter indignado a tempo [...]. Heschel identificava assim o envenenamento básico da civilização moderna: a morte do sagrado. Com esse conceito ele se refere à morte da 'alma' do homem moderno" (p. 85).

Mas o grande impacto do pensamento de Heschel – sua "revolução copernicana" – é que o homem não está só, ele é uma preocupação de Deus: o homem é, a um só tempo, a aposta e a prova de Deus. Nesse sentido, quando o filósofo refere-se a um "estado profético", isso significa "ser tomado por" um "sentir junto", uma "simpatia" pelo *páthos* do divino. A simpatia, Alexandre indica, é a resposta à inspiração, é o correlato da revelação divina: "Deus, revelando-se aos profetas, não revela sua essência, que é inefável. O que é revelado é sua mensagem, que expressa um compromisso com o sentido da existência humana [...]. Em outras palavras, a mensagem bíblica é endereçada ao ser humano, sensível tanto às suas mazelas e mesquinharias quanto às possibilidades de realização plena de sua semente de imagem divina" (p. 29). O *páthos* de Deus se identifica com seu *éthos*.

Este livro apresenta a experiência do *páthos*, da emoção, como ato relacional que oferece imediatamente as coordenadas de abordagem de Deus em termos de uma atividade do homem, atividade que é tarefa de uma vida inteira. O encontro com Deus não poderia jamais circunscrever-se na neutralidade do conhecimento teórico, pois é sempre indício do envolvimento do eterno e do temporal, do significado e do mistério, do metafísico e do histórico.

Em um mundo "sem homens e sem deuses" – o mundo do capital e incompatível com os valores éticos –, o trabalho de Alexandre Leone é um "princípio-esperança", segundo o qual "os deuses não morreram: o que morreu foi nossa visão deles. Não se foram: deixamos de os ver" (Fernando Pessoa).

Profa. Dra. Olgária Matos
FFLCH-USP, Departamento de Filosofia
2002

Aspectos gerais
do humanismo hescheliano

> Ser humano é ser uma novidade, não uma repetição ou extensão do passado; é ser uma antecipação das coisas que virão. Ser humano é ser uma surpresa, não uma conclusão antecipada. Uma pessoa tem a capacidade de criar eventos. Toda pessoa é um descobrimento, um exemplo de exclusividade. O que distingue o homem do animal é a infinita, imprevisível capacidade para o desenvolvimento de um universo interior. Existe mais potencialidade na sua alma do que em qualquer outro ser conhecido por nós. Olhe para uma criança e tente imaginar a quantidade de eventos que ela irá engendrar. Uma criança chamada Johann Sebastian Bach foi empossada de poder suficiente para segurar gerações de homens no seu encanto. Mas será que existe qualquer potencial que deva ser aplaudido ou qualquer surpresa a ser esperada em um bezerro ou em um potro? De fato, o enigma do ser humano é não o que ele é, mas sim o que ele é capaz de vir a ser.
>
> Abraham Joshua Heschel[1]

Falar em crise da sociedade é hoje um lugar-comum. Desde pelo menos o início do século XX, a crise das sociedades modernas é

---

1. HESCHEL, ABRAHAM J., *I asked for wonder. A spiritual anthology of A. J. Heschel*, New York, Crossroad, 1996, 48 e 49. As obras citadas na bibliografia em inglês foram, salvo aviso contrário, traduzidas por mim.

o tema da crítica social e da crítica filosófica. À medida, porém, que a civilização moderna se globaliza, a crise constante que a caracteriza vai se transformando em crise da própria humanidade. Na raiz dessa crise humana, no final daquele século, estava aquilo que foi caracterizado por alguns pensadores como o processo de reificação, de coisificação das pessoas, de suas inter-relações, e também das relações com o mundo natural. Martin Buber aborda esse problema quando fala da relação eu-isso, isto é, a relação com o mundo pela qual o eu percebe os outros seres como coisas e não como sujeitos. Problemas ecológicos, crise socioeconômica crônica (misturados a um crescente individualismo egoísta e antissocial) e cinismo para com valores humanos básicos, em um número também crescente de situações, são epifenômenos do processo de modernização, que amadurece agora como globalização. Ou seja, a forma de civilização que nasceu por volta dos séculos XV-XVI na Europa difunde-se agora em escala planetária.

Buber também diz que a crítica fundamental que se pode fazer à crescente reificação que se opera atualmente vem de uma visão de mundo que resgate a intersubjetividade como relação "eu-tu". Daí é possível entender o hassidismo humanista de Buber, que vê as comunidades tradicionais como o *locus* das relações intersubjetivas. Mas o que é tradição? E qual sua relação com a modernidade? Em termos antropológicos o conceito de "tradição" poderia ser definido como memória da experiência coletiva. Memória essa que é transmitida de muitas formas de uma geração para outra, na vivência comunitária das coletividades humanas. Essa transmissão se dá através de muitos suportes diferentes, que expressam o consciente e o inconsciente coletivos, como por exemplo nos mitos, nos ritos, na religiosidade, na literatura, na culinária, na música, nas artes e técnicas, nos costumes, ou seja, em tudo aquilo que é conhecido como cultura. Essa definição é certamente bastante diferente da conversão do passado em ultrapassado, obsoleto, que prevalece no senso comum moderno, na ideologia do progresso, explorada tanto pela ideologia iluminista quanto pelo positivismo, pelo socialismo real e pelo liberalismo, que enxergam o tradicional como sendo pejorativamente velho em oposição ao novo e ao juvenil. Abstrai-se daí a essência da tensão entre o moderno e o tradicional e do senso de tempo histórico, que também explica muito do esquecimento que verificamos no mundo contemporâneo, constantemente modernizado, pois a negação da tradição é a negação da própria memória.

A comunidade tradicional judaica, assim como outras comunidades tradicionais de origem pré-moderna, tem experimentado grande tensão em suas relações com a sociedade ocidental. Essa tensão aparece em alguns setores da referida comunidade como rejeição à modernização e como negação de manter contatos com o mundo externo. Em outros setores, a relação com a tradição tornou-se mais laica e de caráter cultural. Assumiu-se a cultura moderna e foi abraçada a *burgische Gesellschaft* hegeliana.

Estudar como o pensamento judaico tem encarado a modernidade é assumir as diferenças de valores entre suas visões de mundo e também as diferenças de postura entre os vários pensadores que representam o pensamento judaico. Uma contribuição, porém, é certa: a experiência judaica ao longo destes milênios fez com que se desenvolvesse uma sensibilidade muito forte em relação aos valores humanos, ligando dignidade humana à justiça e à libertação.

Michael Löwy, em *Redenção e utopia*, estudou uma cepa de intelectuais judeus que se caracterizaram por sua forte crítica à sociedade moderna aliada a um retorno muitas vezes difícil à tradição, em busca de reencontro com o encantamento e com a utopia humanista. Dentro desse grupo, estariam homens como Martin Buber, Franz Rozensweig, Walter Benjamin, Gershon Scholem, Franz Kafka, Gustav Landauer, Ernst Bloch, György Lukács, Erich Fromm entre outros. Löwy denomina-os de "geração de intelectuais messiânico-libertários". Sua principal característica seria, por um lado, o contato com a tradição judaica e com a cultura ocidental europeia, principalmente de expressão alemã; e a de terem realizado em suas vidas e obras a união por "afinidade eletiva" de duas correntes de pensamento aparentemente muito distantes entre si: o messianismo (fruto da tradição judaica) e a utopia romântico-libertária anticapitalista que caracterizava a primeira metade do século XX na Europa Central. Sobre essa corrente de pensadores, comenta Löwy:

> Seria preciso um termo novo para designá-la, mas, na impossibilidade de encontrá-lo (ou de inventá-lo), somos obrigados a nos contentar com um híbrido, um nome composto construído com termos antigos: *messianismo histórico* ou *concepção romântico-messiânica da história*. Trata-se, porém, de uma configuração distinta tanto do messianismo judaico tradicional quanto do romantismo alemão clássico, que não poderia ser reduzida a uma simples agregação dos dois. Fundindo *tikun* ("restituição") e a utopia social, ela reinterpreta a tradição à luz do romantismo e confere a este uma tensão revolucionária, culminando com uma modalidade nova de "filosofia da história", um novo olhar sobre a ligação entre o passado, o presente e o futuro[2].

A citação é longa, mas também muito importante no sentido de pôr um marco teórico para entender o pensamento de A. J. Heschel.

Voltando a Michael Löwy, uma pergunta muito importante a ser lançada é: até que ponto Heschel seria parte da geração posterior daqueles judeus que fundiram em suas obras e vidas a tradição mística messiânica aos ideais libertários, não necessariamente socialistas, na sua crítica aos valores expressos pela modernidade? Em Heschel, não há rejeição simplista da sociedade moderna, mas antes uma vontade de dialogar com o homem desta época e de questioná-lo,

---

2. LÖWY, MICHAEL, *Redenção e utopia. O judaísmo libertário na Europa Central*, São Paulo, Companhia das Letras, 1989, 26.

de confrontar o homem desta era a partir de suas bases filosóficas e de seus mais profundos valores e arquétipos, trazidos de outras eras e aparentemente esquecidos ou obscurecidos pelo fogo de artifício da tecnologia, do mercado e do Estado, os ídolos desta época. Isso guarda muita semelha com o teor das obras de Buber, Landauer, Rozensweig e Benjamin. Sabe-se que houve contatos entre esses pensadores, mas qual seria a profundidade e teor somente a pesquisa mais apurada poderá esclarecer. O que, porém, diferencia a obra de Heschel é a sua maior intimidade com a tradição rabínica e profética como fonte de inspiração e embasamento. É como se nele houvesse algo de renascentista na tentativa de reunir a tradição com o projeto de valorização humana desenvolvido, paralelamente ao desenvolvimento histórico da civilização moderna, desde seu nascimento no século XV, e que encontrou momentos culminantes nas declarações de direitos do homem e do cidadão da Revolução Francesa e da Americana do século XVIII e na Declaração dos Direitos Humanos redigida, no século XX, após a última Guerra Mundial. Renascentista também em sua posição otimista em relação às possibilidades dadas ao ser humano, desde que este queira não apenas assumir valores vagos, mas também buscar um modo de vida compatível com a dignidade humana, conforme já aparecia no século XVI no Renascimento, na obra, por exemplo, do filósofo e hebraísta italiano Giovanni Pico della Mirandola.

Nesse ponto encontramos muitas semelhanças com o pensamento buberiano, na medida em que Heschel valoriza a ação concreta no mundo, característica fundamental do pensamento rabínico, em contraposição ao puramente teórico. Heschel chega até mesmo a afirmar que, do ponto de vista da valorização da ação no mundo, a tradição judaica se coloca ao lado das tradições orientais, que valorizam o homem de ação, ao contrário da tradição ocidental de origem grega, que gerou em seu seio a cultura moderna.

- Abraham Joshua Heschel

Heschel poderia ser contado como membro de um grupo muito seleto, o daqueles filósofos do judaísmo que na segunda metade do século XX atingiram repercussão mundial para fora dos círculos judaicos. Na verdade, além de Heschel há muitos poucos exemplos de outros pensadores, sendo o mais importante na Europa Emmanuel Lévinas. Bem poucos outros pensadores do judaísmo que desenvolveram seu pensamento nos últimos cinquenta anos tiveram seu pensamento considerado como relevante nos debates acadêmicos do Ocidente da mesma forma que estes dois intelectuais, desde o fim da Segunda Guerra Mundial. E isso já é certamente muito interessante, pois fala por si do relativo pouco impacto que o pensamento judaico tem tido nas últimas décadas. Talvez assim seja possível identificar alguns elementos da crise do judaísmo na modernidade tardia. O judaísmo posterior ao Holocausto e à independência do Estado de Israel ainda não se recuperou por completo de seu quase extermínio e das enormes mudanças que desde então aconteceram na comunidade judaica mundial. Mais interessante ainda é que, nesses dois pensadores, Heschel e Lévinas, que pouca relação tiveram entre si, um mesmo tema tenha se tornado foco central de suas reflexões filosóficas: o humano em sua dimensão de dignidade e ética, diante de uma civilização cada vez mais desumanizante.

A. J. Heschel é um dos mais importantes pensadores judeus do século XX. Sua obra, sendo profundamente judaica, é daquelas raras que, por seu peso teórico e sua sensibilidade para com os problemas humanos, alcança o universal. É interessante notar que no Brasil as primeiras traduções de Heschel tenham sido feitas nos meios cristãos, quando ainda eram raros os intelectuais judeus que conheciam sua obra ou sua fama neste país. Mesmo fora do Brasil, sua obra tem sido estudada mais do ponto de vista teológico. É verdade que ele é um teólogo muito rico, profundo e sutil, mas existem em Heschel outras facetas de suas obras pouco estudadas e, como quero demonstrar, muito relevantes para o debate humanista atual. Pouco foram estudadas essas outras facetas de sua vasta obra, como, por exemplo, sua crítica à sociedade americana, na qual viveu desde os anos 1940 até sua morte em 1972, e seu diálogo com a civilização moderna. Tal qual os frankfurtianos, há no rabino de Nova York uma forte sensibilidade ao processo de reificação geral aliado à confiança ilimitada na ciência com sua pretensão de controle da natureza, que se intensificou no pós-guerra. Há também, por outro lado, certa admiração pelos valores de dignidade humana e direitos civis que ele viu perpassando tal sociedade.

Particularmente o conceito de "democracia" causou em Heschel forte atração, por ver nela uma via de construção da fraternidade humana tão almejada na tradição judaica. O humanismo heschcliano, porém, critica a atitude arrogante da modernidade para com a natureza exterior e interior das pessoas, baseada de modo arrogante em um suposto progresso das ciências e da tecnologia. Segundo Heschel, o homem desta era tende a ver o mundo de forma desencantada, não tendo olhos para perceber o sublime, o misterioso e o maravilhoso. Seu diálogo com nossa sociedade procura resgatar o encantamento e com ele a sensibilidade para com a presença divina no mundo, fundamento de todos os valores ligados à dignidade humana. Seu humanismo não é antropocêntrico, pois parte da noção bíblica do homem como *tzelem Elohim* ("imagem divina").

■ Influência do hassidismo

Heschel nasceu em Varsóvia, na Polônia, em 11 de janeiro de 1907, sendo descendente, tanto pelo lado paterno quanto pelo materno, de longas linhagens de rabinos ligados desde o século XVIII ao movimento hassídico[3]. Seu pai foi o *rebe* de Pelzovizna. Entre os

---

3. MERKLE, JOHN C., *The genesis of faith. The depth theology of A. J. Heschel*, New York, Macmillan Publishing Company, 1985, 4-5.

famosos ancestrais de Heschel, poderíamos citar Rebe Dov Beer de Mezeritz (falecido em 1772), mais conhecido como "o Grande *Maguid*", que foi o mais famoso discípulo direto do fundador do hassidismo, o *Baal Shem Tov* (falecido em 1760). Outro famoso antepassado seu foi o Rabino Abraham Joshua Heschel de Apt (falecido em 1825), o Apt Rebe, de quem Heschel herdou o seu nome, como era costume entre as dinastias de mestres hassídicos. Pelo lado materno, também poderíamos citar entre seus mais famosos antepassados o Rabino Pinkhas de Koretz (falecido em 1791) e o Rabino Levi Ytzhak de Berditchev, o Compassivo (falecido em 1809). Entre os *hassidim* da Europa, tal linhagem tão nobre de mestres, tal *yikhus*, era considerada uma grande honra e preparava um caminho muito especial para o jovem Heschel dentro dessa comunidade de judeus piedosos e místicos que floresceu na Europa Oriental entre o século XVIII e o XX.

Heschel cresceu nesse ambiente religioso de pietismo místico, como era o existente nas comunidades hassídicas da Europa Oriental, antes da Segunda Guerra Mundial. Era uma comunidade tradicional em grande parte pouco influenciada pela modernidade, que tardiamente chegou a esse meio tão fechado dentro do mundo judeu asquenazi. Lá ainda predominavam as formas tradicionais de estudo da Torá, recheadas de lendas acerca de grandes rabinos e mestres do passado, onde a oração meditativa, o *daven*, era largamente praticado e onde cada ação humana era imbuída de um sentido cósmico, em que mil laços ligavam os homens à divindade. É essa a "embriaguez com o cosmos" acerca da qual escreveu Walter Benjamin[4], que de forma tão marcante difere a visão de mundo dos antigos daquela dos modernos. Esse pano de fundo hassídico, que marcou profundamente o pensamento hescheliano, estará presente ao longo de toda a sua obra.

---

4. BENJAMIN, WALTER, *Rua de mão única*, São Paulo, Brasiliense, 1987, 68-69.

Dois mestres do hassidismo são reconhecidos pelo próprio Heschel como sendo os que mais o influenciaram: Baal Shem Tov (falecido em 1760) e Menahem Mendel de Kotzk (falecido em 1859). Eles representam os dois polos da visão judaico-hassídica de mundo. O próprio Heschel, em uma de suas últimas obras, *A passion for truth* (1973), que foi publicada postumamente, descreve esses dois rabinos como representantes de dois extremos da concepção hassídica de mundo. Por um lado, o hassidismo se manifestava como misericórdia, compassiva e alegre; por outro lado, manifestava-se como sede de justiça, indignada com o sofrimento e ansiosa pela redenção da condição humana sofredora. No polo da compaixão, teríamos Baal Shem Tov, ou Besht, reconhecendo a presença divina, a *Shekhiná*, nos seres, eventos e processos da criação; essa visão otimista tendia a sublinhar a alegria da proximidade entre o homem e Deus. No lado da justiça severa, o Kotzker, que, indignado diante do pecado e da corrupção, sentia a dor do mundo. Heschel chega a comparar o sentimento do Kotzker ao de Kierkegaard, sendo que em Menahem Mendel de Kotzk essa dor se manifestava como sentimento do exílio da *Shekhiná*. A dor indignada gerava, dessa forma, o clamor à tarefa do *tikun olam* ("a redenção cósmica").

A influência do hassidismo é, como foi dito acima, bastante central em toda a obra de Heschel. É essa influência que inspira sua leitura pessoal da Bíblia e certamente está por trás de muitos temas abordados em sua obra como intelectual e como ativista político nos anos 1960. Vale a pena ressaltar que Heschel não foi o único intelectual ocidental cuja obra foi declaradamente influenciada por esse movimento místico judaico no século XX. Outros como Martin Buber ou Jacó Levi Moreno também declararam a existência de uma inspiração marcante, oriunda do hassidismo em suas obras. O que diferencia Heschel, porém, é que ele é o único que nasceu dentro da comunidade hassídica, tendo profundas raízes intelectuais e afetivas em seu meio. Buber ou Moreno travaram contato com o hassidismo vindos da cultura europeia burguesa, permanecendo, dessa forma, apesar de serem também judeus, estrangeiros ao hassidismo.

É também provável, como já foi dito acima, que a mística judaica tenha influenciado a vida e a obra de outros intelectuais "messiânico-libertários"[5], provenientes das classes médias judaicas da Europa Central no século XX. De qualquer modo, Heschel é reconhecido como um dos grandes *scholars* do hassidismo perante as academias ocidentais, como afirma Samuel H. Dresner em seu texto *Heschel as a Hasidic Scholar*, prefácio a quatro ensaios de Heschel sobre rabinos hassídicos, publicado em 1985, sob o título *The circle of Baal Shem Tov. Studies in Hasidism*.

▪ Vida intelectual na Alemanha

Tendo nascido em um meio tão tradicional, poderia se esperar que se tornasse um rabino ortodoxo de expressão limitada, quando muito atingindo apenas os círculos judaicos religiosos. Um evento, porém, marca sua juventude: aos dezessete anos ele decide cursar um secundário secular moderno, tendo em vista sua ida para a universidade, que era naquela época algo muito fora dos horizontes de um judeu tradicional na Polônia. Até então Heschel não tinha cursado nenhuma educação regular fora do sistema tradicional de *heder* e das *yeshivot*, as academias rabínicas, o que significa que possivelmente ele não teria até então cursado matérias além da *Torá*, do *Talmud* e de temas de mística judaica. Para tanto ele é obrigado a mudar-se de Varsóvia para Vilna, onde se matricula no *Yiddish Realgymnasium*.

É nessa época que começa também a desenvolver seus dotes literários e chega mesmo a participar de um grupo de escritores e poetas conhecidos como *Yung Vilne*. Muitos poemas escritos nesse

---

5. LÖWY, *Redenção e utopia*.

período serão publicados em 1933 na coletânea *Der Shem Hamefoiresh: Mensch* ["O nome divino: humano"]. Nela transparece pela primeira vez a ideia hescheliana de que o *homo sapiens* só desperta para o humano, que lhe é imanente, quando desperta para o encontro com Deus. Mas que conceito tem Heschel da divindade? A concepção hescheliana de Deus é de certa forma muito próxima e muito diferente da concepção espinosiana[6]. Muito próxima porque Heschel também concebe a divindade como infinita e imanente; e muito distante ao afirmar, ao contrário de Espinosa, que esse infinito também é transcendente. Por isso, a concepção hescheliana é denominada de "panenteísta"[7]. Outra grande diferença é a ideia de que o divino imanente se manifesta através dos olhos humanos, especialmente dos olhos que choram; ou seja, ao contrário do Deus de Espinosa sensível apenas à experiência intelectual, o de Heschel é sensível também à experiência emocional. Isso é possível porque o humano é em Heschel concebido, à maneira do hassidismo, como sendo em sua totalidade corpo e espírito, criado segundo a imagem divina. Aqui já está presente, no jovem Heschel, o "humanismo sagrado", conceito usado por Kaplan[8] para definir o pensamento hescheliano, que vai transparecer no Heschel maduro. O primeiro contato com a cultura moderna marca uma mudança de paradigma na visão de mundo de Heschel, o qual nunca mais voltará a ser apenas um judeu tradicional.

Após sua graduação em 1927, Heschel parte para a Alemanha, onde se matricula na Universidade de Berlim, no curso de filosofia, e também, em 1929, na *Hochschule für die Wissenschaft des Judentums*,

---

6. GREENE, ARTHUR, *Three Warsaw mystics. The Covenantal Community*, Moscow, Memorial Foundation, 1995.
7. SELTZER, ROBERT M., 1989, 748.
8. KAPLAN, EDWARD K., *Holiness in words. A. J. Heschel poetics of piety*, Albany, State University of New York Press, 1996.

o seminário rabínico liberal[9] igualmente localizado em Berlim. Durante seus anos universitários, outra matriz de pensamento também vai sedimentar-se no pensamento de Heschel: a fenomenologia, que naquele tempo começava a ganhar muitos adeptos entre os intelectuais alemães. A linguagem fenomenológica funciona em Heschel como uma interface entre a visão tradicional judaica e os temas considerados como relevantes no mundo intelectual ocidental, além de vestir com uma linguagem inteligível ao debate ocidental temas tratados pela tradição judaica.

Esse encontro entre a matriz fenomenológica e a judaica, bem como a influência libertária de seu amigo e mestre de Berlim David Koigen, já se revela na tese de doutorado apresentada e defendida na Universidade de Berlim em 1933. *Die Prophetie* é um estudo da consciência dos profetas bíblicos e do que teria sido para a consciência deles a experiência da vivência do encontro com Deus. Através de uma abordagem fenomenológica, Heschel se propõe a analisar o tema judaico da "revelação", do encontro com a dimensão divina, procurando entender que sentido o homem bíblico deu ao encontro do ser humano com a presença divina.

■ O profeta

Para compreender o *eidos*, o sentido que o profeta outorga à revelação divina, o pensamento hescheliano parte da seguinte questão: que tipo de homem é o profeta bíblico? A partir dela Heschel sugere que o profeta, diferente de outros tipos de místicos, está profundamente ligado ao seu tempo, participando geralmente de forma "crítica" de sua sociedade, sentindo, por meio do encontro com a

---

9. Neste mesmo seminário rabínico estudou durante a década de 1930 o professor Walter Hefeld, que ensinou filosofia judaica na Faculdade de Filosofia da USP por muitos anos.

divindade, inclusive na dimensão emocional desse encontro, a dor de sua época. Heschel caracteriza a qualidade mais importante do profeta como sendo a "sensibilidade para como o mal e a iniquidade", singularidade do discurso do profeta na Bíblia.

A sensibilidade especial do profeta é aquela que canaliza a compaixão divina à dor humana. A isso Heschel denomina de "*páthos* divino", e por isso seu pensamento foi muitas vezes chamado de "teologia do *páthos*". Deus, revelando-se aos profetas, não revela sua própria essência, que é inefável. O que é revelado é sua mensagem, que expressa um compromisso com o sentido da existência humana. A Bíblia, para Heschel, não é, portanto, uma teologia do homem, não é um discurso humano sobre Deus; é a antropologia divina. Em outras palavras, a mensagem bíblica é endereçada ao ser humano, sensível tanto às suas mazelas e mesquinharias quanto às possibilidades de realização plena de sua semente de imagem divina. A Bíblia traz desse modo, em Heschel, uma agenda humanizadora, sendo o profeta um personagem dotado de um tipo especial de sensibilidade ao sentido da existência humana.

Heschel, em textos dos anos 1950, como *O homem não está só* e *Deus em busca do homem*, denomina sua obra de "filosofia da religião" ou mesmo "filosofia do judaísmo", contra aqueles que queriam caracterizá-la como uma teologia, pois insiste no caráter dogmático da teologia em contraste com a teologia profunda aberta à experiência do encontro com a presença transcendente. Questionando o homem moderno pela miopia espiritual que o leva, por um lado, a um raciocínio abstrato e desligado das situações interiores e, por outro, à reificação de sua forma de viver com a natureza e com outros seres humanos, Heschel chama constantemente a atenção para o amesquinhamento da consciência do homem moderno, que está perdendo a capacidade de vivenciar e experimentar o admirável, o sublime e o maravilhoso, o inefável e o misterioso. O inefável, por exemplo, em Heschel não é apenas um estado psicológico, mas é o encontro com o mistério dentro e além das coisas e das ideias[10]. O divino está "dentro" e, estando dentro, também está além, pois o ser é algo "transcendente disfarçado". Robert Seltzer, em seu comentário sobre a obra e o pensamento de Heschel, cita esta bela passagem:

> O divino é uma mensagem que descortina a unidade onde vemos diversidade, que descortina a paz onde estamos envolvidos em discórdia. Deus significa: ninguém nunca está sozinho; a essência do temporal é o eterno; o momento é uma mensagem da eternidade em mosaico infinito. Deus significa: a união de todos os seres em uma sagrada alteridade[11].

Segundo Seltzer, Heschel apresenta uma posição panenteísta. O panenteísmo significa "tudo em Deus é mais do que o universo". Dessa forma, preserva-se a dimensão da transcendência distinguindo-se do panteísmo, no qual Deus é concebido como totalidade do mundo.

A experiência do inefável, que produz o "espanto radical", não é a única forma de despertar o indivíduo para a dimensão do divino. Também o contato com o homem bíblico pode nos conduzir à presença divina, pois esse homem, particularmente o Profeta, não desenvolve, segundo Heschel, uma ciência de Deus: ele antes vive o encontro com Deus. Esse encontro não é uma prova objetiva da existência de Deus, portanto não é uma prova racional para atos de fé. Como escreve Dom Joaquim de Arruda Zamith, na sua apresentação à edição brasileira de *Deus em busca do homem*[12], o encontro com a

---

10. SELTZER, ROBERT M., *Povo judeu, pensamento judaico*, Rio de Janeiro, A. Koogan Editor, 1989, 748.
11. SELTZER, *Povo judeu, pensamento judaico*, 748.
12. HESCHEL, ABRAHAM J., *Deus em busca do homem*, São Paulo, Paulinas, 1975. É interessante notar que as primeiras obras de Heschel foram publicadas no Brasil por editoras católicas, especialmente aquelas ligadas a alas progressistas da Igreja, pois Heschel foi muito ativo no diálogo ecumênico, sendo estudado em muitos seminários cristãos. Tenho notícia de um padre que, atualmente,

presença divina é produto de "atitudes simples, concretas, que tornam o homem aberto, como que desarmado diante do mistério" e, citando Heschel, descreve essa atitude como sendo "a percepção da grandiosidade, o sentimento de inefável, o deslumbramento, o temor reverencial, a reverência e a adoração, a intuição, a fé, o acontecimento"[13]. O homem bíblico é, para Heschel, quem fornece o modelo da espiritualidade autêntica. Testemunha a Bíblia que a revelação não é um ato místico de busca por Deus, mas a consciência de ter sido encontrado por Ele. As palavras dos profetas são seu testemunho humano que não transmite nem verdades racionais a respeito de Deus nem regras, valores ou normas gerais, mas, sim, o *páthos* divino, sua concernência com o humano.

Mas o que é o "*páthos* divino" em Heschel e como esse conceito se relaciona com a profecia? Eugene Borowitz, importante estudioso do pensamento judaico contemporâneo, define desta forma esse conceito:

> A concepção única de Heschel da profecia resolve de um modo muito inteligente o problema de uma revelação divina exata lançada em uma forma humana. Heschel considera que o profeta atingiu um nível especial de sensibilidade religiosa que ele chama de "simpatia"[14]. Esse termo fenomenológico indica a influência do filósofo alemão Max Scheller no pensamento hescheliano. As tonalidades subjetivas daquele termo indicam mais propriamente que a profecia transcende todos os empreendimentos cognitivos e ultrapassa análises técnicas ou explicações. O profeta está voltado para Deus em uma profundidade existencial

---

está fazendo um projeto de pós-graduação sobre Heschel em um seminário católico em Roma. Estranhamente, a obra de Heschel entre os judeus brasileiros é pouco conhecida.

13. HESCHEL, *Deus em busca do homem*, 8 e 9.
14. Daí o termo *páthos*, que se relaciona com a ideia de "paixão divina".

absoluta e responde ao que acontece ao divino. A simpatia profética nada tem que ver com o emocionalismo humano, autoabandono ou êxtase. O profeta se mantém suficientemente possuidor de si mesmo para responder a Deus[15].

Segundo Borowitz, esse encontro que produz a revelação apresenta semelhanças e algumas diferenças com a teoria do encontro "Eu-Tu" de Buber. A semelhança se refere à impossibilidade de prever o encontro. A diferença é que, para Heschel, o encontro produz uma forma muito especial de conhecimento: aquilo que Deus quer de nós. Como Heschel diz, "observada do ponto de vista do homem, a revelação é testemunhar como Deus volta-se para o homem [...]; a experiência mística é um êxtase do homem; a revelação, um êxtase de Deus"[16]. Para Heschel, a profecia foi uma singularidade na história. Outros povos do Oriente Médio, como os babilônios ou os assírios ou os egípcios, não produziram nada parecido.

Heschel trabalha com uma noção de tempo na qual fenômenos estão divididos em duas categorias: os processos e os eventos. Os processos seguem uma regra, como as regularidades na natureza. Os eventos, por outro lado, criam precedentes – é o que se pode observar na história: "O que empresta um caráter humano e histórico à vida de Péricles ou Aristóteles não são os processos orgânicos, pelos quais eles se conduziram, mas os atos extraordinários, surpreendentes e imprevisíveis, as realizações ou eventos que os distinguiram de todos os outros seres humanos". Eventos são fenômenos que se relacionam aos processos, mas não podem ser reduzidos a uma parte desses. O evento não pode ser predito nem completamente explicado: "O que a história faz com as leis da natureza não pode ser expresso por uma lei

---

15. BOROWITZ, EUGENE, *Choices in modern Jewish thought. A partisan guide*, New York, Behrman House Inc., 1983, 172.
16. HESCHEL, *Deus em busca do homem*, 254.

da natureza [...]; a revelação não é um ato de interferência do curso normal dos processos naturais, mas o ato de instalar um novo momento criativo no curso da história"[17]. Eventos importantes, assim como trabalhos artísticos relevantes, têm significado próprio. São os eventos importantes que instalam a história sagrada, que é a tentativa de ver o passado no tempo presente. Enquanto o Deus do filósofo é um conceito derivado de ideias abstratas, o Deus dos profetas é derivado de atos e eventos. A raiz da fé judaica não é baseada em dogmas ou princípios abstratos, mas, antes, em uma profunda dedicação aos eventos sagrados. Como diz Heschel, crer é lembrar e não meramente aceitar uma série de dogmas. O judaísmo é a religião que santifica o tempo.

Para Heschel, a revelação é uma experiência existencial interior. Não são vozes ou fenômenos da Natureza que dão a certeza ao profeta, e, sim, a sensação de ser experimentado – "Não é Deus que é uma experiência do homem, o homem é que é uma experiência de Deus"[18]. Diferente da experiência mística, ela não é produto de uma busca prévia, ela se dá como encontro espontâneo e inesperado. A Bíblia é o eco da experiência profética.

Heschel reconhece, assim como Espinosa e como a crítica bíblica, que o texto canônico sofreu alterações pela transmissão através das gerações. Contudo, grande parte dele mantém sua integridade de tal forma que é possível reconhecer uma mensagem. Para Heschel, "a Bíblia é uma resposta à pergunta: 'como santificar a vida?'. E, se dizemos que não sentimos nenhuma necessidade de santificação, estamos apenas provando que a Bíblia é indispensável. Porque a Bíblia nos ensina como sentir necessidade de santificação [...]. Há uma tarefa, uma lei e um caminho: a tarefa é a redenção; a lei, fazer

---

17. Op. cit., 268.
18. Op. cit., 291.

justiça, amar a misericórdia; e o caminho é o segredo de ser humano e santo"[19]. A Bíblia não é um livro de ciência ou de filosofia, nem de metafísica, nem de teologia no sentido mais usual; é um livro de inspiração. Produto da inspiração profética, ela inspira à ação. E também não é literatura, pois seu sentido não está em sua possível beleza[20]: "A Bíblia é o movimento perpétuo do espírito, em um oceano de significado"[21]. Se Espinosa dessacraliza a Bíblia, mas a conserva justamente por sua mensagem, Heschel parte da mensagem para reencontrá-la como caminho para a sacralização da vida: "Eu invoco o céu e a terra por testemunhas de que cada homem (sic), quer gentio quer judeu, quer varão quer mulher, quer servo quer serva, de acordo com a medida de suas boas obras, o espírito de santidade permaneça sobre ele"[22].

As palavras da Escritura, porém, não são coextensivas e idênticas às palavras de Deus, pois o profeta não é um recipiente passivo. Dessa forma, nem todas as palavras da Escritura originam-se do espírito de Deus. Heschel demonstra, através de várias interpretações rabínicas sobre o *matan Torah* ("recebimento da *Torá*") que, mesmo para a tradição judaica, muitas palavras não são tidas como originárias de Deus. Deus não Se revelou, mas, sim, revelou Seu caminho. Assim sendo, cada geração tem a necessidade de reinterpretar o texto. Algumas passagens são mais relevantes para uma geração do que para outra. Isso porque "o judaísmo se baseia em um mínimo de

---

19. Op. cit., 302.
20. Op. cit., 299. Esta citação Heschel faz do Zohar: "Ai do homem que encara a Torá como um simples livro de contos e assuntos cotidianos, pois, se assim fosse, nós, nós mesmos, comporíamos uma Torá que se tratasse de ocupações cotidianas *e de excelência ainda maior*. Não somente isso, mas até os príncipes do mundo *possuem livros de maior valor* que poderíamos usar como um modelo para compor uma outra torá" (Zohar, vol. III,152a).
21. HESCHEL, *Deus em busca do homem*, 306.
22. Op. cit., 322.

revelação e em um máximo de interpretação"[23]. Há, porém, formas reducionistas de interpretação, por exemplo, a atitude fundamentalista, "que vê cada palavra como literalmente válida, não fazendo distinção alguma entre o eterno e o temporal, não concedendo lugar para o conhecimento histórico ou para a voz da consciência pessoal"[24]. Outra forma de interpretação reducionista é a atitude racionalista, que, "tomando a ciência como pedra de toque da religião, vê a Escritura como um produto poético ou um mito, conveniente para o homem de uma civilização inferior e, por isso mesmo, obsoleto para qualquer período mais recente da história"[25]. Contra ambos modos de interpretação, Heschel propõe o que ele chama de compreensão progressiva.

Voltando ao conceito, oriundo da tradição rabínica, de que a *Torá* Escrita é inseparável da *Torá* Oral, Heschel declara que a compreensão do texto e seu pleno significado não foram dados de uma vez para sempre. Os enigmas da vida permanecem, pois as situações existenciais de cada geração são diferentes. Visto que o texto da Escritura visa à inspiração da ação no mundo, a compreensão do que é requerido deve se renovar com a vida. O que os profetas nos ensinam é como pensar nas categorias de Deus: "Sua santidade, justiça e compaixão"[26]. Segundo outra passagem dos escritos heschelianos, o homem deve abandonar, nem que seja por alguns momentos, seu ponto de vista egoico, para poder se deixar tocar pelo ponto de vista divino[27]. A tradição oral é resgatada como debate intergeracional. Isso porque o judaísmo não é uma religião puramente bíblica, como queriam os caraítas: "Tomando como pensamento vicário, a Bíblia

---

23. Op. cit., 348.
24. Op. cit., 345.
25. Op. cit., 346.
26. Op. cit., 346.
27. Op. cit., 24-25.

se torna um obstáculo. Aquele que diz: 'Eu tenho apenas a Torá' não tem nem mesmo a Torá"[28]. Os sábios, dessa forma, se tornam herdeiros dos profetas e isso significa que cada geração pode olhar para as Escrituras através de seu próprio espelho e, tendo como referência os outros espelhos usados nas gerações anteriores, buscar seus próprios *insights*. A interpretação progressiva é também baseada no diálogo, tornando-se, desse modo, interpretação coletiva. Citando Nachmânides, Heschel diz que há sempre perigo de uma "interpretação pagã" das escrituras: "É possível cometer um assassinato em nome da Torá; alguém pode ser patife e agir dentro da lei"[29]. A Bíblia, muitas vezes precisa ser salva da mão de tais "admiradores", pois sem um contínuo esforço de interpretação as Escrituras se tornam como papel-moeda sem lastro.

- Mas voltemos à vida de Heschel

A dissertação de Heschel foi muito bem recebida pela academia alemã, tornando seu autor conhecido nos meios intelectuais alemães nos anos 1930, durante a ascensão do nazismo, o que, por outro lado, lhe dificultou a publicação da obra. *Die Prophetie* só foi publicado em 1936, na cidade de Cracóvia, pela Academia Polonesa de Ciência. Esse trabalho foi, nos anos 1960, traduzido para o inglês e ampliado, tendo sido publicado em 1962 com o título *The prophets*. A teologia do *páthos* é chamada por Heschel de "teologia profunda" e de "filosofia da religião", para diferenciá-la da teologia comum, que é uma exposição mais ou menos racional de crenças. A teologia profunda se preocupa com a vivência religiosa, com a experiência pré-racional da fé como encontro com o inefável, com o sentido último da existência

---

28. Op. cit., 346.
29. Op. cit., 349.

humana, que busca um sentido para sua própria realidade no mundo. A partir do exemplo do profeta, o que o pensamento hescheliano busca é entender as condições em que se dá a experiência existencial profunda do encontro com a divindade e do que esse encontro sinaliza sobre a essência da condição humana. Heschel também quer recolocar as categorias do pensamento bíblico e de sua interpretação através da tradição judaica no debate ocidental acerca dos valores e rumos da civilização moderna. Para tanto, a perspectiva do profeta como modelo de vivência religiosa é privilegiada. Essa perspectiva baseada na interpretação hescheliana do profeta é chamada por Edward Kaplan[30] de "perspectiva divina".

O início da vida acadêmica de Heschel, nos anos 1930, coincide com um período muito turbulento para os judeus na Alemanha. Com a ascensão dos nazistas, as possibilidades de fazer carreira universitária ou mesmo de publicar trabalhos vão minguar muito. Mesmo assim, Heschel permanece na Alemanha até 1938, quando os judeus de origem polonesa são finalmente deportados de volta. Em meio a essa situação de dificuldades, inclusive materiais, não deixa de ser notável que ele tenha conseguido ser reconhecido como um intelectual de respeito por seus pares, conseguindo até mesmo publicar dois estudos sobre pensadores judeus medievais, um sobre Maimônides e outro sobre Abravanel.

Em 1937, Heschel é chamado por Martin Buber para ser seu sucessor no *Jüdisches Lehrhaus*, em Frankfurt. Apesar de várias diferenças entre os dois pensadores, reconhecidas principalmente por Heschel[31], sua ida para o centro de estudos fundado por Franz Rozensweig põe-no definitivamente em contato com a geração de intelectuais judeus estudados por Michael Löwy. São eles a geração

---

30. KAPLAN, *Holiness in words*, 25, 32, 35.
31. Op. cit., 69.

denominada por Löwy de "messiânico-libertária", que reuniu em suas obras a visão messiânico-redentora judaica com os ideais libertário-humanistas em voga no Ocidente durante o início do século XX e principalmente no entreguerras. Diferente do liberalismo e do marxismo, a concepção messiânico-libertária, fortemente influenciada pelo romantismo, coloca-se como crítica do próprio processo de modernização, na medida em que a modernidade manifesta cada vez mais sua tendência desumanizante, na visão desses pensadores.

Em Frankfurt, nessa época também funcionava o *Instituto de Pesquisa Social*, ninho e viveiro dos intelectuais ligados ao que foi mais tarde conhecido como a "Escola de Frankfurt". O pensamento elaborado pelos frankfurtianos vai também se caracterizar pela crítica ao processo de modernização como desumanização crescente da vida. Ainda que no caso dos frankfurtianos a influência do marxismo fosse muito mais sensível, em pelo menos um deles, o mais radical de todos, aquele que mais fortes ligações teve com o movimento comunista, Walter Benjamin, o elemento messiânico libertário, com forte influência judaica, se fez muito presente. Heschel provavelmente nunca teve contato direto com Benjamin, mas a preocupação de ambos com a crise da civilização e mesmo a escrita de ambos na forma de uma prosa poética apresentam muitos traços paralelos. Sabemos que Benjamin era muito amigo de Gershon Scholem, que, por sua vez, era muito amigo de Buber, que foi quem trouxe Heschel para Frankfurt. Isso, porém, são apenas pistas e indícios que apontam, junto com os escritos e a biografia de Heschel, para a possibilidade de relacioná-lo com a geração descrita por Löwy. A importância dessa relação é a possibilidade de entender melhor a obra hescheliana em sua dimensão de crítica da civilização moderna, sendo a matriz judaica um forte componente dessa crítica.

De qualquer modo, outro paralelismo com os frankfurtianos pode ser traçado. Em 1938, Heschel é deportado junto com outros judeus poloneses da Alemanha. Após um período de incertezas em

Varsóvia, e depois em Londres, finalmente vai para os Estados Unidos em 1940. Em terras americanas, Heschel irá reconstruir sua carreira intelectual. Inicialmente lecionará no *Hebrew Union College*, em Cincinnati, até 1945, e depois no *Jewish Theological Seminary of America*, em Nova York, de 1945 até sua morte, em 1972. Também Horkheimer, Adorno, Fromm e Marcuse, refugiados do nazismo, dirigiram-se para os Estados Unidos. Naquele país, o choque com a catástrofe europeia vai se juntar a outro: o choque ante a modernidade do *American way of life*. Tanto nos frankfurtianos como em Heschel, esse duplo choque vai servir para aprofundar a crítica aos rumos da civilização.

O duplo choque do genocídio nazista e da ida para a América é o segundo grande evento que abala profundamente a vida de Abraham J. Heschel. A catástrofe nazista ecoa de muitas formas pela alma de Heschel, que assiste impotente ao assassinato de praticamente toda a sua família; somente uma de suas irmãs e o marido dela conseguiram sobreviver, refugiando-se também nos Estados Unidos. Heschel, outrossim, assiste à destruição do universo cultural de sua juventude com o aniquilamento das comunidades judaicas, presentes desde a Idade Média na Europa Central. É bem mais conhecido e debatido o genocídio de milhões de seres humanos, dentre os quais seis milhões de judeus, pelos nazistas e por seus aliados. Deve ser lembrada, no entanto, outra dimensão da catástrofe nazista: o aniquilamento das seculares comunidades judaicas centro-europeias extinguiu toda uma riqueza espiritual, cultural e material que caracterizaram o mundo judeu asquenazi.

Heschel, o sobrevivente, considerava-se "um ramo arrancado do fogo, no qual meu povo foi queimado até a morte. Eu sou [continua Heschel] um ramo arrancado do fogo do altar de satã onde milhões de vidas humanas foram exterminadas em prol da maior glória do Mal"[32].

---

32. HESCHEL, No religion is an island. In: *Moral grandeur and spiritual audacity, essays*. Ed. Susannah Heschel, New York, The Noonday Press, 1997 (1996), 235.

Esse pesar com o aniquilamento de seu povo se refletiu na tentativa de tornar pública aos judeus e cristãos norte-americanos a tragédia que acontecia paralela à II Guerra Mundial. Em 1949, publica *The earth is the Lord's*, obra que inicialmente foi uma conferência dada em 1945 e que depois foi publicada. Trata-se de uma elegia "romântica" à forma de vida e aos valores tradicionais da comunidade judaica asquenazi. Nesse escrito, busca dar um testemunho do espírito que norteou o mundo judeu de sua juventude, baseado na busca ativa da transcendência e no cultivo da reverência ao ser humano através do estudo e do *daven*. Esse é uma de suas primeiras obras em inglês que extrapolam o mundo acadêmico.

- Apelo profético

Diante dessas experiências profundas, um sentimento de responsabilidade o domina, sentimento esse que o acompanhará pelo resto da vida. Como escreveu Kaplan, "seu pensamento absorveu a catástrofe e a reverteu em prol da redenção"[33]. Heschel assume para si o encargo de levar o "apelo profético bíblico" de reverência à pessoa humana considerada como imagem divina, na tentativa de despertar a consciência dos homens modernos de seu torpor. Esse tom de urgência e gravidade da época é identificável tanto nos seus textos dos anos 1950 e 1960, quanto na imagem pública de rabino militante de causas humanitárias, políticas e sociais de seu tempo. Coincidindo com o surgimento da televisão como meio de comunicação de massa, isso causou forte impacto em vários círculos da sociedade norte-americana.

O apelo profético de Heschel inicialmente só se exprime por intermédio de seus escritos, cursos e conferências nos primeiros anos

---

33. KAPLAN, *Holiness in words*, 10.

de sua estada nos Estados Unidos. Até o final dos anos 1950, ele é apenas um obscuro professor estrangeiro, bem-conceituado como *scholar* na tradição judaica, que frequentava tanto os círculos liberais, isto é, não ortodoxos, judaicos quanto certos círculos cristãos, mais abertos. Heschel vive apenas a vida de um acadêmico que vai se tornando conhecido por seus escritos, que aos poucos vão sendo publicados, e por seu estilo singular, ao mesmo tempo dramático e poético. É dessa época sua amizade com Reinold Niebuhr, famoso teólogo cristão norte-americano com quem Heschel compartilhou estreita afinidade na busca de renovação espiritual e humanista.

Somente dos anos 1960 até sua morte em 1972, pouco antes de completar 65 anos, é que o apelo profético hescheliano vai se manifestar também pela militância política e social a favor do diálogo inter-religioso, dos direitos civis, em especial da população negra norte-americana, pela liberdade dos judeus na antiga União Soviética e contra a Guerra do Vietnã. Nesse momento Heschel tornou-se conhecido do público em geral, que se deparou com a estranha figura daquele rabino caminhando ao lado de Martin Luther King ou aparecendo em programas de televisão para ser entrevistado sobre suas posições quanto ao momento histórico e a condição humana. Heschel fala como uma espécie de *tzadik*, um mestre hassídico contemporâneo.

■ Imagem divina

Lendo a tradução portuguesa, editada pelas Edições Paulinas, de *The man is not alone*, publicada por Heschel na década de 1950, e lançada no Brasil em 1973 sob o título *O homem não está só*, encontramos as seguintes afirmações em um capítulo sugestivo, intitulado "A essência do homem". Heschel afirma[34] que

---

34. HESCHEL, ABRAHAM J., *O homem não está só*, São Paulo, Paulinas, 1974, 219.

> "o homem está um pouco abaixo dos anjos" (Salmo 8,5) e um pouco acima dos animais. Como um pêndulo, oscila para lá e para cá sob a ação combinada da gravidade e do movimento de gravitação do egoísmo e do movimento divino, de uma visão de Deus nas trevas da carne e do sangue. Não conseguimos entender o sentido de nossa existência se não atendermos nossos compromissos com essa visão [...]
> Se o homem não for mais que humano, será menos que humano. O homem é apenas um breve e crítico estágio entre o animal e o espiritual. Seu estado é constantemente vacilante, ora se eleva, ora cai. Não existe humanidade sem desvio. Ainda está por aparecer o homem emancipado.

Está clara, aqui, a afirmação da essência humana como intermediária entre o céu e a terra. Mas, também, da sua possibilidade de superar-se ou degradar-se. Essa afirmação pode parecer algo banal, mas, comparada à afirmação de outro filósofo, cristão e renascentista, Giovanni Pico della Mirandola (1463-1496), começa a tomar outras colorações. A obra mais importante de Pico della Mirandola é seu célebre *Discurso sobre a dignidade do homem*, obra que inaugura no Ocidente os debates suscitados pela civilização moderna sobre a condição humana, se portadora ou não de dignidade inerente e universal a todos os seres humanos e sobre a base dessa dignidade. Debate esse que desenvolveu-se até chegar à noção de direitos humanos, sem a qual já não se pode mais pensar a democracia contemporânea. Afirma Pico della Mirandola[35]:

> Estabeleceu, portanto, o óptimo artífice que, àquele a quem nada de especificamente próprio podia conceder, fosse comum tudo o que tinha sido dado parcelarmente aos outros. Assim, tomou

---

35. Pico Della Mirandola, Giovanni, *Discurso sobre a dignidade do homem*, Ed. bilíngue, Lisboa, Edições 70, 1989, 53.

o homem como obra de natureza indefinida e, colocando-o no meio do mundo, falou-lhe deste modo: "Ó Adão, não te demos nenhum lugar determinado, nem um aspecto que te seja próprio, nem tarefa alguma específica, a fim de que obtenhas e possuas aquele lugar, aquele aspecto, aquela tarefa que tu seguramente desejares, tudo segundo o teu parecer e a tua decisão [...]. Não te fizemos celeste nem terreno, nem mortal nem imortal, a fim de que tu, árbitro e soberano artífice de ti mesmo, te plasmasses e te informasses, na forma que tivesses seguramente escolhido. Poderás degenerar-te até os seres que são as bestas, poderás regenerar-te até as realidades superiores que são divinas, por decisão do teu ânimo".

Não é notável a coincidência das afirmações de Heschel e Pico della Mirandola, dois pensadores distantes quatro séculos um do outro? Ao que parece, Heschel não leu o *Discurso sobre a dignidade do homem*. Pico della Mirandola, por outro lado, foi um dos primeiros hebraístas ocidentais que chegou a estudar com sábios fugidos da Espanha e refugiados na Itália, tendo sido notada a influência da mística judaica na obra desse príncipe e filósofo da Renascença. Se é assim, já no começo do debate humanista moderno há uma subliminar influência da tradição judaica não apenas bíblica, mas também medieval. Na modernidade nascente, a noção de dignidade humana norteia um projeto de humanização: a noção de dignidade do homem de Pico della Mirandola. Séculos mais tarde, na modernidade já plenamente desenvolvida do século XX, a mesma tradição judaica norteia, em Heschel, uma crítica profunda dos caminhos dessa civilização, na medida em que ela abandona seu projeto inicial em troca da reificação tecnológica e mercantil. Não foi apenas Heschel que observou isso. Os frankfurtianos Benjamin, Adorno, Horkheimer e Fromm também questionaram a desumanização crescente. Acontece que, em Heschel, bem como em Hannah Arendt, o tema da condição humana não é um tema passageiro, pois ele perpassa toda a sua obra, tornando-se mais forte na segunda parte de sua vida, mas já aparecendo em sua juventude.

A possibilidade da transcendência, da superação da situação humana no sentido de sua redenção, é decorrente, para Heschel, da noção bíblica do humano como imagem divina. Essa possibilidade de redenção não é, no entanto, algo natural e sempre presente, mas é fruto de uma escolha, que é ao mesmo tempo doadora de sentido e decorrente da ação no mundo: "O homem não é homem por causa do que ele tem em comum com a terra, mas por causa do que ele tem em comum com Deus. Os pensadores gregos empenharam-se em entender o homem como parte (*part*) do universo, os profetas empenharam-se em entender o homem como parceiro (*partner*) de Deus"[36]. *Adam*, a palavra hebraica usada na Torá para dizer "humano em geral", vem da mesma raiz que a palavra *adamá*, a "terra" o "solo cultivável". Todavia, é apenas quando o solo passa da condição de cultivável para a de cultivado que seu sentido se realiza. Esse realizar-se implica ir além do natural. É necessária a ação de cultivar, o que demanda um cultivador ativo. De parte do universo, o homem é chamado para ser parceiro na criação e, antes de mais nada, de si mesmo.

"A imagem não está no homem, a imagem é o homem"[37]. Mesmo sendo fruto da ação e de um sentido outorgado pela consciência do sujeito, a ação humanizadora implica ver a imagem divina como sendo cada pessoa em sua totalidade viva, corpo e espírito. Não se trata, portanto, do que há de melhor no homem, tal como alguma qualidade ou valor considerado como mais importante. Não é nada, ressalta Heschel, que possa ser avaliado sem que esteja em ato. Deus não se manifesta nas coisas, mas sim nos eventos. É no ato e não nas coisas que o Sagrado se manifesta: "Deves ser santo (*holy*) como

---

36. HESCHEL, ABRAHAM J., The concept of man in Jewish thought, in: ID., *To grow in wisdom. An anthology*, London, Madson Books, 1990, 116.
37. Ibid.

Hashem, teu Deus, é santo (Levítico 19,2). A sacralidade, um atributo essencial de Deus, pode tornar-se a qualidade do homem. O humano pode tornar-se sagrado"[38]. Ser a imagem divina significa que inerente à sua condição há uma "dignidade básica" no homem, que o torna capaz de alcançar a humanização. Nessa dignidade já está presente o sagrado inerente ao humano.

Ser imagem implica ser um símbolo. Heschel faz uma sutil diferença entre o símbolo real e o símbolo convencional. O símbolo real é algo que representa um outro ausente. Mas para isso ele deve partilhar algo de sua realidade. O símbolo convencional representa apenas por uma analogia ou convenção, mas não partilha de sua realidade. O exemplo que Heschel usa para demonstrar um símbolo convencional é uma bandeira. Para ele, o ser humano é um símbolo real. De acordo com a tradição judaica, o homem não deve criar símbolos para representar o divino. Heschel acrescenta que o apelo profético é para que o ser humano se torne ele mesmo um símbolo, uma imagem divina viva: "É necessário ser um símbolo, e não ter um símbolo"[39]. O caminho é a *mitzvá*[40], o ato sagrado, a ação humanizadora.

■ O pó da terra

Ao esquecer-se, porém, de que é um símbolo, de quem é representante, ou mesmo de que representa algo, o homem moderno tem falhado em encontrar o sentido de sua existência. Em vez disso, ele é dominado e alienado de seu próprio sentido pelos símbolos que

---

[38]. Op. cit., 118.
[39]. Op. cit., 126.
[40]. A palavra *mitzvá* vem da raiz hebraica formada palas letras *tzadik* e *vav* e poderia ser traduzida literalmente como "mandamento", ou seja, um ato comandado. A tradição judaica considera que existem 613 mandamentos ordenados aos judeus dos quais sete são também ordenados a todos os homens pelo fato de que o homem é considerado como tendo sido criado à imagem divina.

ele mesmo cria para em seguida servi-los. Heschel, tal como Marx e Robert Kurz, identifica na fetichização da vida humana a essência da tendência desumanizante da modernidade. Em Marx, trata-se do fetichismo da mercadoria. Em Kurz, o fetichismo envolve tanto a mercadoria quanto a tecnologia, que tautologicamente visam apenas a suas autorreproduções. Heschel pode concordar com ambos, mas acrescentaria que a essência desse fetichismo moderno está em conceber o objetivo da existência a partir da mera satisfação de necessidades: "A vida vai mal quando o controle do espaço, a aquisição de coisas 'espaciais', torna-se nossa única preocupação"[41]. O ser humano, para o pensamento hescheliano, só encontra o sentido de sua existência na situação transcendente de descobrir-se ele mesmo uma necessidade. Deus necessita do ser humano para que este realize a tarefa do *tikun* ("redenção").

O homem expressa, assim, uma polaridade, a profecia bíblica afirma que aquele que é a imagem divina é também formado do mais inferior material. O homem é pó e cinzas. Na condenação à morte, imposta a Adão, Deus declara: "Pois tu és pó e ao pó voltarás" (Gênesis 3,19). Ser mortal não significa que a alma está presa no corpo, sepultada nele. A contradição não é de substância, é de atos: "O pecado do homem é falhar em viver o que ele é. Sendo o mestre da terra, o homem esqueceu que ele é o servo de Deus"[42].

"Estabelecendo a definição do humano, eu me defino"[43]. Para Heschel o ser humano é um sujeito em busca de um sentido. A questão não é "o que é o homem", pois essa é uma forma falsa de formular a questão. A questão é "quem é o homem". Os modernos, no

---

41. HESCHEL, ABRAHAM J., *The Sabbath. Its meaning for modern man*, New York, The Noonday Press, 1979, 3.
42. Op. cit., 127.
43. HESCHEL, ABRAHAM J., *Who is man?*, Stanford, Stanford University Press, 1995, 22.

entanto, insistem em uma definição substantiva baseada em termos biológicos ou químicos que reduzem o horizonte para o humano e que têm consequências graves. Toda definição do humano, insiste o pensamento hescheliano, é ao mesmo tempo uma agenda para onde o homem se dirige.

O homem moderno pós-*Auschwitz*, pós-*Hiroshima*, deu provas suficientes de sua destrutividade para que se possa fazer a questão da continuidade da existência do ser humano enquanto tal. Heschel reflete sobre a possibilidade terrível da continuidade da existência do *homo sapiens* enquanto o ser humano é aniquilado. Não é em qualquer situação que a continuidade da existência humana pode se dar. O processo constante de liquidação do humano pode levar à liquidação do ser humano, enquanto o *homo sapiens* poderia continuar sua evolução distanciando-se da condição humana: "Aniquilação moral leva ao extermínio físico"[44]. A resposta hescheliana é dramática, não niilista. Não é baseada em um pessimismo ontológico acerca da condição humana, mas antes é fruto de uma percepção da urgência da situação humana em nossos dias.

Com relação a esse processo de reificação, a modernidade é considerada por Heschel como a época do "eclipse da humanidade". Por outro lado, nunca o homem foi estudado sob tantos pontos de vista diferentes, nunca se falou tanto sobre dignidade e direitos humanos, nunca antes alguém havia pensado na noção importante de "crime contra a humanidade". Certamente, na modernidade, o homem e sua humanidade possível tornaram-se um problema estudado por diversos humanismos e anti-humanismos. Um problema teórico e prático, pois a globalização da experiência moderna dá-se em um quadro de crise da humanidade e ao mesmo tempo de grandes possibilidades de renovação.

---

44. Op. cit., 27.

Uma questão, que também necessita ser respondida, é: para quem será que Heschel escreve? Poderíamos imaginar que como rabino ele estivesse interessado apenas em alcançar outros judeus, mas esse não é o caso, pois de modo consciente ele se dirige a judeus e cristãos, brancos e negros. Também não é o caso de imaginar que ele tenha se dirigido apenas a outros pensadores, que, como ele, participavam do mundo acadêmico, pois sua atuação política foi além da academia. Heschel se dirige ao homem desta civilização e, dessa forma, se dirige a nós, que mais de vinte anos após sua morte enfrentamos os problemas que ele aponta em seus escritos.

Há na tradição rabínica a regra de sempre se referir aos sábios do passado como se eles estivessem vivos; dessa forma, nunca dizemos: "Rabi Akiva dizia" ou: "Maimônides disse", mas antes devemos colocar no presente e falar: "Rabi Akiva diz" ou: "Maimônides ensina". Desse modo é possível manter um diálogo com esses mestres buscando neles e em seu pensamento respostas aos nossos questionamentos presentes. O pensamento humano, em especial o pensamento profundo, jamais envelhece e, como a arte, ele sempre pode servir de inspiração para outras gerações e mesmo para outras culturas. Na medida em que nossa época se encaminha para a chamada globalização, poderíamos esperar que se construa uma civilização multicultural, onde a tradição humana se torne nossa herança comum. Desse modo, a experiência de vida judaica ao longo dos tempos tem muito que legar às outras culturas, na construção daquilo que Agnes Heller denominou de "humano genérico"[45].

Os humanismos modernos, tanto otimistas como pessimistas, têm se caracterizado por um forte antropocentrismo, geralmente de caráter laico, quando não abertamente ateu. O "humanismo sagrado"

---

45. HELLER, AGNES. *A teoria das necessidades em Marx*. Tradução de Carlos Nelson Coutinho, Rio de Janeiro, Paz e Terra, 1974, 45.

de Abraham Joshua Heschel, na contracorrente, busca pensar a problemática humana a partir de uma ótica religiosa, baseada em uma interpretação profundamente judaica e ao mesmo tempo original. Trata-se não de uma visão ingênua e sim de uma visão emocionada ou, segundo os conceitos heschelianos, simpática ao *páthos* divino, preocupada com a alienação e o torpor do homem moderno. Alienação e torpor com relação à própria agenda humanizadora formulada por este homem no início da era moderna e em seguida esquecida diante do fascínio pelas suas próprias criações materiais. A resposta hescheliana é um apelo à atitude e à ação de renovar o senso do mistério que envolve a própria existência humana. Renovação essa que pode acordar, segundo Heschel, o homem moderno para que reaja e faça brotar em si mesmo a semente do *mensch*.

"Mensch"

> Rabi Berakhiá ensinava que, quando o Santo, Bendito seja Ele, estava para criar Adão, ele viu tanto os justos quanto os iníquos que descenderiam dele. Então ele disse: "Se Eu criá-lo, iníquos nascerão, mas, se, por outro lado, Eu não o criar, como os justos irão nascer?". Então o que fez o Santo, Bendito Seja Ele? Ele desviou Seu olhar do caminho dos iníquos, procurando pela Graça. E, então, disse a ela: "Façamos o homem à Nossa Imagem".
>
> Midrash Rabá 8,3-4

A Varsóvia judaica em que Heschel nasceu, passou grande parte de sua juventude e publicou seus primeiros escritos já deixou de existir há mais de meio século. Poucos são aqueles que lembram da efervescência cultural e da agitação social e intelectual do mundo dos judeus da Europa Oriental, onde, até a primeira metade do século XX, estava localizado o epicentro da diáspora *ashkenazi*. Bem poucos – poderiam ser contados nos dedos de uma mão, talvez – são aqueles que se recordam de ter presenciado uma reunião do círculo reunido em torno do *rebe* de Novomisky, tio de Heschel, o tutor do rapaz, após a morte de seu pai, Moshe Mordechai Heschel, o *rebe* de Pelzovisna[1].

---

1. GREEN, *Three Warsaw mystics*, 39.

Varsóvia, que até a metade do século XX era judaica e polonesa ao mesmo tempo, era uma metrópole na qual, apesar de todos os contrastes típicos do período entreguerras, a vida judaica florescia de várias formas. Recém-emancipada da influência russa, a capital do jovem estado polonês era uma das cidades de maior concentração judaica de sua época. Perfazendo mais de quarenta por cento da população da cidade, as diferenças entre os vários setores da comunidade judaica, polarizada entre nichos tradicionais e modernizantes, eram bem visíveis até mesmo para a população polonesa católica. No setor mais tradicional, ao lado dos *mitnagdim*[2], pouco numerosos, havia uma grande variedade de grupos de *hassidim*, contando com grande quantidade de sinagogas e *shibels* (pequenas casas de oração e estudo). Vigorosa também era a vida da população secularizada. Existiam então muitos jornais e círculos literários, movimentos juvenis, grupos sionistas e socialistas de vários matizes. Entre os movimentos socialistas o mais forte então era o *Bund*, formado pela reunião de vários grupos de operários e intelectuais judeus.

Esses grupos não viviam isolados; pelo contrário, essa multicolorida vida judaica permitia contatos em vários níveis, como atestam a biografia de Isaac Deutscher, a de Ianus Korshak e a do jovem Abraham J. Heschel. Havia um crescente número de publicações em hebraico, em parte fruto da influência da *Haskalá*, em parte devido aos grupos sionistas. O iídiche era, no entanto, a língua franca, falada nas ruas e cultivada de muitas formas nos jornais, círculos literários, teatros e em um cinema nascente. Mesmo nos círculos tradicionais, essa diversidade proporcionava a possibilidade de um rico debate religioso.

---

2. Os *Mitnagdim* (literalmente "opositores") foram um grupo de judeus tradicionalistas que se opuseram ao movimento hassídico no final do século XVIII e início do XIX. O termo refere-se principalmente à liderança rabínica lituana que rejeitava as inovações místicas e sociais do chassidismo, liderada pelo *Gaon de Vilna* (Elijah ben Solomon Zalman, 1720-1797).

Foi principalmente após a Primeira Grande Guerra e após a Revolução Russa que os círculos tradicionais começam a ser crescentemente influenciados pelo mundo secular. A instabilidade social e política daqueles tempos afetava de várias formas as comunidades tradicionais. Era cada vez maior o número de jovens observantes[3], oriundos das *yeshivót*[4], que abandonavam o modo de vida tradicional, deixando para trás os caminhos da *halakhá*, o conjunto das regras de vida prescritas pela lei comunitária judaica, atraídos pelas circunstâncias e pelo chamado da sociedade secular. Mesmo nas famílias mais tradicionais entre os *hassidim*, como no caso da família Heschel, rapazes e moças começavam a ter muito mais contato com o mundo secular e com a urbanidade à sua volta. A modernização da vida não era só atraente pelas possibilidades que parecia encerrar, era também um enorme desafio aos valores vividos por grupos de judeus tradicionalistas e hassídicos.

Esse deslocamento de jovens rumo à sociedade moderna não era uma via de mão única. Em alguns casos, jovens que haviam partido reatavam seus contatos com o mundo tradicional, como entre os participantes do círculo que se reunia em volta do *rebe* de Novominsk. Enquanto alguns jovens oriundos de famílias e academias tradicionais começavam a se encaminhar para o mundo exterior, outros, sentindo-se vinculados ou então desiludidos com a sociedade moderna, buscavam retomar o contato com os ensinamentos místicos e éticos dos sábios e da tradição.

Foi frequentando o grupo de discussões e estudos, que se reunia todo *Shabat* na casa de seu tio, o *rebe* de Novominsk, que o adolescente Heschel, na década de 1920, conheceu figuras como Hillel Zeitlin e Fishl Schneersohn[5], que, tendo origem na comunidade

---

3. KAPLAN, EDWARD, *Prophetic witness*, London, Yale University Press, 1998, 58.
4. Academia rabínica de altos estudos da Torá.
5. GREEN, *Three Warsaw mystics*, 39. Ver também KAPLAN, *Prophetic witness*, 52.

hassídica, haviam frequentado a universidade e se assumido como acadêmicos modernos, inclusive vestindo-se à moda ocidental, mas mantendo-se como judeus observantes. Até então, a educação de Heschel tinha se restringido aos estudos tradicionais, a cargo de um preceptor, o Rabino Menahem Zemba, que o ordenou rabino aos dezesseis anos[6]. Era essa a educação típica dada a um "príncipe hassídico", alguém que como ele tinha um *ikhus* ("genealogia") que naturalmente o destinaria mais tarde às funções próprias de um *rebe*. O contato com Zeitlin, um místico que havia estudado filosofia e escrito comentários à obra de Espinosa, e principalmente sua amizade com Schneersohn, sujeito com trânsito nos meios hassídicos, na universidade e entre os militantes do *Bund*, proporcionaram a Heschel um modelo de observância judaica aberta aos contatos com a modernidade.

Esses contatos abriram os horizontes do jovem *hassid* para o pensamento e as formas de expressão da sociedade moderna, tanto no sentido de alargar seu repertório com a leitura de textos seculares de ciência, literatura e filosofia quanto no de fazê-lo cruzar o limiar da comunidade ortodoxa. Kaplan comenta a esse respeito[7] que foi também uma necessidade de maior autoexpressão que levou Heschel a procurar os círculos literários seculares quando ainda estava em sua Varsóvia natal. Seus primeiros poemas, fruto desse contato, são publicados e recitados no meio literário judaico de Varsóvia, como por exemplo na "Associação dos Escritores e Jornalistas Judeus", um centro de cultivo do iídiche, que ficava a algumas quadras de sua casa. Nesse mesmo período, quando tinha ainda dezessete anos, sua amizade com Fischl Schneersohn crescia. Seguramente Heschel deve ter tido algum contato com *Der wig tsum mensch* ["O caminho para

---

6. KAPLAN, *Prophetic witness*, 47.
7. Op. cit., 64-66.

o humano"], livro no qual Schneersohn propunha uma abordagem da psicologia conectada à visão da mística judaica sobre a alma humana. Essa obra foi publicada em Vilna em 1928.

Logo Heschel, seguindo o estímulo de Schneersohn, orientou-se para os estudos universitários. A singularidade de Heschel foi permanecer um judeu observante e, ao mesmo tempo, preferir o contato com intelectuais de corte humanista, socialistas libertários. O exemplo e o estímulo de Schneersohn foram, assim, de importância fundamental nos rumos posteriores que sua vida tomaria.

Sua ida para Vilna nesse contexto deve ser entendida como um passo muito importante na trilha para além de sua comunidade religiosa e familiar em direção ao mundo secular moderno. Sobre isso Kaplan comenta: "Heschel não queria fazer essa transição decisiva sobre os olhos de sua família; isso poderia embaraçá-los. Foi também para deixar o labirinto de ideologias judaicas existente em Varsóvia que ele partiu da cidade natal, de sua infância e adolescência – deixando sua comunidade hassídica – para ir a Vilna"[8].

A passagem de Heschel por Vilna, de 1925 até 1927, os anos em que estudou no Real Ginásio Judaico, foi curta. Funcionou como uma espécie de trampolim para a universidade alemã, que frequentaria logo em seguida. O colégio era uma escola nova com muitos nomes ligados à esquerda judaica lituana de então. A começar por Yossef Yashunsky, o diretor da instituição, que era um matemático com especial interesse pela educação humanista. O nome, porém, que mais domina as memórias de Heschel é o de Moshé Kulbak, poeta, dramaturgo, novelista e um idealista político ligado aos círculos de artistas esquerdistas e de vanguarda. Kulbak foi seu professor de literatura e alguém muito admirado pelo jovem Heschel. Heschel chegou várias vezes a apresentar seus poemas a Kulbak, nem sempre

---

8. Op. cit., 68.

obtendo avaliações favoráveis, mas sempre sendo estimulado a seguir os ideais que inspiravam seus poemas juvenis.

Durante esse período, o jovem Heschel era uma figura diferente no meio de seus colegas, na maioria seculares e esquerdistas. Sua figura calada e calma era, por assim dizer, a de um *rebe* no meio dos revolucionários. Vivendo como um estudante pobre, Heschel passava a maior parte do tempo estudando e se preparando para a universidade. Nos momentos de descontração, costumava dar longas caminhadas pelo bosque próximo à cidade de Vilna. Seu tempo livre era também dedicado à escrita de poemas. Participou o jovem Heschel, durante esses anos de colégio, de um grupo de jovens autores, que ficaram mais tarde conhecidos como *Yung Vilne* ("Jovem Vilna"). Esse grupo, formado em torno de Zalman Rejzen, editor do diário *Vilner Tog*, chegou a publicar uma coletânea de poemas, em 1929, quando Heschel já estava estudando na Universidade de Berlim.

Pode-se notar, assim, que a expressão poética foi a primeira forma de manifestação de sua sensibilidade artística e intelectual. Essa atividade havia começado enquanto ainda em Varsóvia e serviu-lhe como ponte entre o seu mundo hassídico natal e os meios judaicos não religiosos de seu tempo. Em Vilna, sua poesia desenvolveu-se em contato com meios libertários. Mesmo durante os anos passados na universidade em Berlim, Heschel continuou a escrever e a publicar poemas em vários jornais literários em língua iídiche, tanto europeus como, até mesmo, norte-americanos, particularmente no *Zulkunf* ("Futuro"), um jornal iídiche de Nova York. Esse não era apenas um meio de divulgar seus trabalhos; para um estudante pobre, a publicação de poemas em jornais era também um meio de ganhar algum dinheiro.

Durante seus anos como estudante da Universidade de Berlim, entre 1929 até 1933, Heschel também estudou no seminário rabínico liberal de Berlim, a *Hochschule*. Obteve desse modo (ao final de seu período de estudos) tanto o doutorado em filosofia, junto à

Universidade, como uma segunda graduação rabínica, dessa vez de orientação liberal. Foi nos seus anos berlinenses, portanto, que Heschel completou sua formação como intelectual. Formação essa, por um lado, fortemente enraizada na tradição judaica, tal como era então cultivada pelos *hassidim*. Por outro lado, ele havia absorvido também uma forte influência da universidade alemã e mesmo do judaísmo herdeiro da *haskalá*, o "Iluminismo judaico", cujo epicentro até o início do século XX era a Alemanha.

Foi nessa época que Heschel conviveu com o último de seus mestres: David Koigen. Nascido na Ucrânia, Koigen, tal como Heschel, provinha de um meio hassídico, ligado ao ramo *Habad* (*Lubavich*), como também Zeitlin e Schneersohn. Os Koigen, apesar de sua origem religiosa, viveram de forma muito intensa o redemoinho social e político do século XX. Seu irmão Fishl fora militante bolchevique durante a Revolução Russa, e mesmo David Koigen tentou por um tempo apoiar o governo soviético, mas no início da era stalinista foi obrigado a fugir para o Ocidente, vindo finalmente a instalar-se em Berlim. Koigen, muito influenciado pelo pensamento de Dilthey e Simmel, era amigo de Martin Buber, com quem mantinha intensa correspondência. Outra forte influência no pensamento de Koigen era Edmund Husserl. Reunindo todas essas influências, Koigen buscou "fundar um pensamento autenticamente judaico que pudesse curar os males da modernidade"[9]. Influenciado pela visão hassídica, pela romântica e pela socialista, Koigen tornou-se um crítico social que derivava imagens da redenção humana a partir do messianismo judaico, algo, aliás, muito próximo do que propôs em seus escritos Walter Benjamim. Dessa forma, Koigen poderia ser perfeitamente incluído na geração dos intelectuais messiânico-libertários estudados por Löwy. Para Koigen, o pensamento é inseparável da ação.

---

9. Op. cit., 125.

Destarte, ao estudar e teorizar o hassidismo, Koigen o concebia como protótipo de uma comunidade humanista e libertária. O maior anseio de Koigen era estabelecer uma ciência da redenção humana ou, como dizia nas suas palavras, uma "antropologia filosófica da libertação"[10].

Foi Schneersohn quem apresentou o jovem estudante Abraham Joshua Heschel ao velho Professor David Koigen, em Berlim. Koigen não lecionava em nenhuma instituição, porém mantinha em sua casa um círculo de estudos de caráter para-acadêmico. Heschel, desde seus primeiros dias em Berlim, participou do círculo de Koigen. A relação entre os dois evoluiu para uma grande amizade, pois Heschel nutria grande admiração pelo velho professor, de tal modo que, segundo Kaplan, o grupo dos discípulos de Koigen tornou-se o lar judaico moderno de Heschel, o ninho onde seu pensamento se desenvolveu. Nesse grupo, a religião era estudada do ponto de vista de sua relevância para a libertação pessoal e comunitária. Muitas das ideias desenvolvidas por Heschel nos anos posteriores foram debatidas inicialmente nesse grupo. Foi Koigen, aliás, que era adversário do paradigma liberal neokantiano, que na época dominava a comunidade acadêmica alemã, quem apresentou a Heschel a fenomenologia. Baseado nessa corrente filosófica, Heschel montou seu projeto de doutorado sobre a consciência da experiência do profeta bíblico.

Heschel não fez carreira como poeta, pois em toda a sua vida só publicou um livro de poemas, cujo interesse prende-se menos à realização estética que à prefiguração dos temas de sua obra filosófica. O espírito de sua obra como pensador maduro já está presente em seus poemas juvenis. Disse-lhe certa vez Kulbak, seu professor no colégio em Vilna, fazendo uma sábia crítica de seus poemas: "Você nunca será um grande poeta, mas poderá tornar-se um excelente filósofo"[11].

---

10. Op. cit., 127.
11. Op. cit., 91.

É como um prelúdio de sua filosofia que *Der Shem Hamefoiresh: Mensch* ["O nome divino: humano"][12], que foi publicado em 1933 em Varsóvia, será neste presente estudo apresentado a seguir.

- "Der Shem Hamefoiresh: Mensch"

Os primeiros estudiosos da obra hescheliana pouca importância deram a esse primeiro livro de Heschel. Imaginavam que, por tratar-se de uma obra literária, pouca relevância teria para a compreensão de seu pensamento. Podemos dizer que esse ponto de vista predominou até os anos 1960. Samuel Dresner, importante estudioso e amigo do filósofo, notou que, na lista de suas obras, contida na antologia comentada *Between God and man*, publicada em 1959, quando Heschel já era um intelectual conhecido não só nos meios judaicos, mas também entre círculos cristãos, *Der Shem Hamefoiresh: Mensch* nem sequer é mencionado, só começando a figurar na lista de suas obras conhecidas a partir de 1965. Isso não é tão surpreendente assim, quando se sabe o quão difícil é encontrar alguma cópia dessa obra. Mesmo em bibliotecas judaicas importantes, como a do *Jewish Theological Seminary of America*, de Nova York, que reúne um dos mais importantes acervos judaicos do mundo e onde Heschel trabalhou como professor de 1945 até sua morte, em 1972, apenas uma fotocópia podia ser encontrada em 1998. Mesmo a tradução inglesa do Rabino Zalman Shachter, que não tem circulação comercial, é igualmente muito difícil de ser obtida. Sabe-se hoje que o próprio Heschel recolheu e tirou de circulação várias cópias desse livro, fato esse até hoje não muito bem esclarecido. A versão que corre é que Heschel arrependeu-se de publicar os poemas, pois de alguma forma

---

12. HESCHEL, ABRAHAM J., *Der Shem Hamefoiresh: Mensch*, Warszawa, Druk Grafica, 1933.

poderiam atrapalhar seu reconhecimento como intelectual, devido à temática mística, não muito bem aceita na comunidade acadêmica norte-americana dos anos 1940 e 1950.

Conquanto a qualidade literária dos poemas possa variar, eles são um testemunho dos primeiros contatos de Heschel com a modernidade literária e uma primeira síntese de sua herança hassídica com a influência libertária dos grupos intelectuais com que ele conviveu durante sua juventude na Europa Central. De qualquer maneira, conforme afirma Shandler[13], os poemas podem ser considerados também como uma amostra do envolvimento de Heschel com a cultura secular iídiche. São a culminância de vários anos de esforço de Heschel como um poeta no idioma iídiche, sua língua materna.

De forma romântica, no sentido que Löwy dá ao conceito de "romântico", os poemas de *Der Shem Hamefoiresh: Mensch* reúnem e entrelaçam temas da mística judaica, filtrada através do hassidismo, como por exemplo: a busca do *devekult*, da união transcendental do humano com o divino, com temas sociais de identificação com o sofrimento das pessoas humildes no meio da grande cidade e uma lírica do urbano, onde Deus se esconde e busca encontrar o homem. Mesmo um erotismo *sui generis* para um rapaz originário dos meios hassídicos pode ser identificado em *Tzu a froy in holem* ["Para uma mulher em um sonho"], uma das seções de poemas em que está organizado o livro.

Logo de início, o que chama a atenção é o próprio significado do título. O *Shem Hámeforash* do título é um "nome-código" usado nos círculos tradicionais judaicos para identificar o nome pessoal de Deus em hebraico: YHWH. Esse nome não pode ser pronunciado e situa-se além da compreensão racional. Para os místicos judeus, um

---

13. SHANDLER, JEFFREY, Heschel and Yiddish. A struggler with signification. *The Journal of Jewish Thought and Philosophy*, v. 2 (1993) 251.

nome de fato não pode ser atribuído ao infinito transcendente, de onde provém toda a existência e que é imanente a todos os seres. O nome, conhecido também fora da tradição judaica como o Tetragrama, é alvo da contemplação de místicos judeus através dos séculos. Conectada ao nome divino, no título, está a palavra iídiche *mensch*, em uma primeira acepção significando o "humano" no seu sentido mais pleno.

É interessante essa conexão e identificação entre o humano e o divino. Na mística judaica, há exercícios de gematria, a numerologia cabalística, que simbolicamente demonstram a imanência de Deus no ser humano. Nesse sentido, o título se inspira na tradição da mística hassídica. Por outro lado, essa identificação com o divino ressalta uma dignidade dada ao ser humano, o *mensch*, que se afina muito bem com os debates humanistas dos meios seculares e libertários que o autor frequentou em sua juventude. Se de um lado evoca a transcendência imanente no ser humano, do outro também sugere a mundanidade de Deus, que tem como símbolo o próprio ser humano mortal. O título aponta a essência da dignidade humana como estando fundada na própria divindade.

Kaplan sugere que o título da obra, *Der Shem Hamefoiresh: Mensch,* "proclama a ideia guia do pensamento de Heschel": a santidade do gênero humano, o representante físico de Deus neste mundo: "Brevemente: a vida humana possui valor último"[14]. A sacralidade como preciosidade interior toca todas as dimensões da experiência humana. No Heschel maduro, essa sacralidade deriva da ideia bíblica, desenvolvida na tradição rabínica, do homem como sendo *tzelem Elohim* ("a imagem divina"). Temos, assim, no jovem Heschel o prenúncio poético do que Kaplan chama de "humanismo sagrado", que será desenvolvido na obra do Heschel maduro.

---

14. KAPLAN, *Prophetic witness*, 184.

O livro é uma coletânea de sessenta e seis poemas distribuídos em seis seções, a menor tendo nove poemas e a maior, treze poemas. A maioria dos poemas já tinha sido publicada na imprensa iídiche laica dos anos 1920. Os títulos das seções são evocativos: A primeira é *Der mensch is hailik* ["O humano é sagrado"]. Seguem-se na ordem: *Aydes-zong* ("A humilde testemunha"), *Tsishn mir un velt* ("Entre mim e o mundo"), *Tsu a froy in holem* ("Para uma mulher em um sonho"), *Natur-pantomimem* ("Pantomimas naturais") e *Tikunim* ("Reformas"). O presente estudo, por pretender analisar os fundamentos e o desenvolvimento do humanismo hescheliano, vai se fixar principalmente nos poemas da primeira seção, *Der mensch is hailik*, e em alguns poemas de outras seções, pois neles a relação entre humano e divino é mais explícita.

O primeiro poema de *Der Shem Hamefoiresh: Mensch* é *Ich und du* ["Eu e tu"], um título que evoca seguramente o livro homônimo de Martin Buber, publicado em 1923, quando Heschel era um adolescente. "Eu e tu", o poema, foi publicado por Heschel nos anos 1920, muito tempo antes de figurar na antologia *Der Shem Hamefoiresh: Mensch*, que saiu em Varsóvia em 1933:

Eu e tu
Transmissões vão do teu coração ao meu.
Meu sofrimento está ligado, perpassado pelo teu.
Não sou eu mesmo tu? Não és tu mesmo eu?

Meus nervos estão entrelaçados aos teus,
Teus anseios encontram-se com os meus.
Não somos um em milhões de corpos?

Às vezes, me vejo em todas as faces,
Escutando no choro das pessoas minha voz, como um sussurro.
Por trás de milhões de máscaras minha face se esconde.

Eu vivo em mim em ti.
Através dos teus lábios, flui uma palavra de mim para mim mesmo.
Dos teus olhos goteja uma lágrima, cuja fonte está em mim.

> Quando uma necessidade brota em ti, já está em mim;
> Quando falta uma pessoa para ti,
> Chora diante da minha porta.
> Tu vives em ti, tu vives em mim.

O sentido místico do poema salta aos olhos, a identificação do humano com o divino parece ter cruzado todos os limites. Deus está dentro do homem, e este por sua vez está também dentro de Deus. E, no entanto, Deus, apesar de imanente, vai além, transcende. É interessante como Heschel assume liricamente a voz de Deus. Qual ser humano poderia afirmar o que diz verso: "Por trás de milhões de máscaras minha face se esconde"? Somente Deus, segundo a mística judaica, poderia fazer tal afirmação. As milhões de máscaras são aqui as faces humanas. Heschel parece fazer referência àquela agadá, lenda talmúdica, que conta a seguinte parábola rabínica: "Para proclamar a grandeza divina. Pois um homem cunha muitas moedas e todas elas se parecem; de fato, elas são exatamente parecidas umas com as outras. Mas nos ensina o Rei dos reis, o Santo Bendito Seja Ele, que formou todos os homens de sua imagem moldada no primeiro homem e nem um único deles é exatamente igual ao seu companheiro. Daqui aprendemos que toda pessoa deve dizer: 'Por minha causa o mundo foi criado'". Ocorre que o próprio autor se dá conta de que todas as faces humanas são máscaras da face divina. Temos aqui uma afirmação muito forte da dignidade humana como representação viva do divino.

E, ao mesmo tempo, há no poema uma referência moderna, como já foi mencionado, à obra mais importante de outro filósofo judeu, muito conhecido na época de Heschel: o livro *Eu e tu*, de Martin Buber. O existencialista Buber propõe uma teoria do diálogo baseada na noção de encontro. Esse diálogo buberiano é o encontro entre humano e humano, mas também é o encontro entre humano e divino. Em Buber, Deus é concebido como sendo o Tu Eterno, aberto ao diálogo com o ser humano. Buber inspira-se em suas leituras sobre o hassidismo para formular sua filosofia do diálogo, do encontro e da abertura para o outro. No diálogo buberiano, porém, o eu jamais conhece o tu, jamais ocorre uma total identificação de ambos, o eu e o tu podem apenas reconhecer a existência um do outro e abrirem-se para o diálogo, que gera compreensão da singularidade, da subjetividade, do outro. É isso o que gera aquela vivência que Buber chama de "encontro". Para Buber, é o ser humano que deve dar o primeiro passo para que o encontro com o Tu Eterno seja efetivado e vivenciado.

Nesse poema do jovem Heschel, por outro lado, nota-se um acoplamento entre o humano e o divino, uma identificação que, de tão forte, aponta para algo diferente do encontro buberiano: a comunhão com o *páthos* divino. No poema ao estilo do *rebe* de Kotzk, o ser humano interliga seu sofrimento ao sofrimento de Deus chegando a entrelaçar seus nervos aos de Deus. A comunhão com Deus se dá como um encontro emocional. Os próprios sentimentos divinos são sentidos pelo autor. O encontro entre humano e divino nesse poema se dá como *simpatia*, termo que Heschel usa em sua obra filosófica posterior. A simpatia hescheliana é tão intensa que leva o *mensch* a sentir junto com Deus.

Sobre isso, Arthur Green comenta[15] que três vezes o poema faz afirmações que identificam o homem e Deus:

> Não sou Eu mesmo tu? Não és tu mesmo Eu?
> EU vivo em Mim e em ti...
> TU vives em ti, tu vives em Mim... viver

Segundo Green, essa identificação tão forte não vai transparecer nas afirmações do Heschel maduro. No Heschel maduro, é a possibilidade de viver a experiência do *páthos* divino, a qualidade de sentir com Deus, que é a base da interpretação hescheliana da

---

15. GREEN, *Three Warsaw mystics*, 42.

experiência do homem bíblico, em particular do profeta. A identificação simpática entre o sofrimento humano e o sofrimento divino é um dos eixos de sua tese de doutorado *Die Prophetie*, defendida na universidade de Berlim em 1933. Apesar de ser uma obra que reúne poemas juvenis, a mesma temática que é desenvolvida em sua obra filosófica está aqui sendo desenvolvida. É precisamente essa qualidade, essa característica de sua obra literária, que faz com que os poemas sejam tão importantes para estudo de seu pensamento.

O poema "Eu e tu" aqui apresentado é apenas um primeiro exemplo desse diálogo. Heschel e Buber apresentam muitas diferenças, explicáveis em parte por suas diferentes formações, causa de alguns atritos entre ambos, mas que não os impediu de formar uma aliança intelectual e militante, em especial durante sua luta contra o nazismo nos anos 1930. Prova disso é o fato de o velho Buber ter indicado o jovem Heschel para ser seu sucessor à frente da *Jüdisches Lehrhaus* de Frankfurt, em 1937, e pela correspondência intensa que ambos mantiveram, chegando a enviarem cartas semanalmente, mesmo quando Buber já estava na Palestina.

A principal diferença na postura de ambos está ligada à ideia hescheliana de que o *páthos* (o sentimento profundo) divino pode ser simpateticamente compreendido pelo ser humano. O *páthos*, no entanto, não é uma via de mão única, pois Deus também sente o *páthos* humano. Em "Deus e humano", outro poema da primeira parte de *Der Shem Hamefoiresh: Mensch*, é Deus quem se identifica com o sofrimento humano:

Deus e humano
Não para Ti mesmo queres a oferenda (*korbanot*),
Mas para aqueles decepcionados pelo teu amor.
Oh Eterno, tem piedade, não por tua própria glória,
Mas em nome daqueles que foram esquecidos por todos.

A profanação não te ofende mais
Do que o lamento de dor das lágrimas humanas;

> Nem a blasfêmia é mais obscena
> Do que atos que causam desespero às pessoas.
>
> Aquele que mancha o humano, o mundo,
> É a ti, altíssimo, que ele envergonha;
> Quem se apaixona pelas pessoas,
> A ti, Santíssimo, ele apraz.

Nesse poema, o lamento de dor das lágrimas humanas é comparado ao *hilul Hashem*, profanação do nome divino, do *Shem Hamefoiresh*. O autor identifica-se com o sofrimento humano e divino. E identifica o *páthos* divino sensível ao sofrimento humano. As figuras empregadas no poema para descrever o sofrimento humano são fortes: "O lamento de dor das lágrimas humanas", "os atos que causam desespero às pessoas", "manchar o humano". A resposta divina ao sofrimento humano é emocional: Deus se ofende, se indigna diante da obscenidade, que é representada pelo desespero das pessoas, e se envergonha diante da profanação da pessoa humana. Por outro lado, amar o humano agrada, dá prazer, a Deus. O Deus hescheliano é um Deus que sente, que se indigna diante do mal realizado contra as pessoas, tal como nos ensinamentos do Kotzker, em quem o mal realizado contra os homens provocava intensa indignação. O Deus de Heschel é um Deus *hassid*.

O Deus de Buber também é um Deus hassídico, do encontro e da espontaneidade, como os primeiros *hassidim*, como no fundador do hassidismo, o *Baal Shem Tov* (século XVIII), sobre quem Buber leu vários relatos. Em Heschel, que cresceu sob a influência tanto da alegre escola do *Baal Shem Tov*, quanto da escola, mais grave, ligada ao Kotzker, a espontaneidade e a alegria são matizadas pela sensibilidade ao sofrimento humano. A indignação divina é sentida pelo poeta e torna-se sua própria indignação.

Essa indignação emocionada por parte de Heschel vai aparecer claramente em outro poema, cujo título sugestivo é "Seres humanos com seus olhos esperam":

> Seres humanos com seus olhos esperam
> Como um pavio que espera ser iluminado
>
> Irmãos humilhados imploram ajuda,
> Irmãs traídas sonham com esperança.
>
> E eu prometo, me empenho, atrevo-me
> A inundar o mundo com gentileza
>
> Continuo confiante, andarei por todo o mundo
> Com a luz das estrelas
> Nos meus olhos!

Seres humanos mostram as "máscaras da face divina" com os seus olhos à espera. Que esperam eles? O poema não responde, mas diz que esperam como um pavio que espera ser iluminado. Pavio e homem esperam pela sua realização. O sentido de sua existência, porém, permanece apagado como o pavio não utilizado. Diante da humilhação de seus irmãos e da traição contra suas irmãs, diante de seu sofrimento, o poeta/filósofo sente simpatia e entende seu sofrimento.

Simpatia é um dos conceitos centrais no pensamento de um filósofo alemão, de origem judaica, muito lido na universidade alemã durante o tempo em que Heschel estudou: Max Scheller (1874-1928). Para Scheller, simpatia é a orientação para a essência do outro a partir da comunicação dos sentimentos, a partir da abertura aos seus sentimentos. Não é necessariamente sentir o que sente o outro, mas compreendê-lo pela expressão de seus sentimentos, apreciações e preferências. Em sua tese de doutorado, Heschel fez um estudo da consciência do profeta bíblico de um ponto de vista fenomenológico. Sua fenomenologia, como veremos mais adiante, é tributária da fenomenologia de Scheller, na medida em que busca entender o encontro com Deus, que se opera na consciência do profeta, do ponto de vista da relação emocional.

Ao contrário de Espinosa, que fala no amor intelectual a Deus, Heschel, de modo hassídico, fala na simpatia para com o divino. Tal como Espinosa, Heschel também buscou em sua vida dialogar com círculos judaicos e não judaicos. Com a teologia do *páthos*, Heschel criou uma base para esse diálogo. Kaplan nota essa peculiaridade de sua obra e comenta: "Heschel funda um método que lhe permite alcançar pessoas fora de sua comunidade de fé, tal método consiste em interpretar as sutis modalidades da emoção"[16]. Segundo Kaplan, em Heschel se opera uma "somatória" entre a piedade hassídica, a experiência poética e uma fenomenologia de vertente schelleriana.

Nessa somatória, Heschel busca entender o judaísmo, desde seu início bíblico, como sendo uma "religião da simpatia"; este é, aliás, o nome de um dos capítulos de sua tese de doutorado. A experiência religiosa é, então, formulada em termos de vivência emocional, sendo nesse caso o *mensch* aquele humano capaz de tal vivência profunda. O *mensch* encara a transcendência, do outro divino e do outro humano, como a essência de sua vivência consciente. Nesse sentido, o *mensch* é o oposto do "burguês" criticado na filosofia de Scheller, que fechado em si vê o outro apenas como instrumento e nega em si mesmo a própria transcendência. Burguês, em Scheller, notemos bem, não se refere somente ao membro de uma determinada classe social, mas antes ao *éthos* específico do homem moderno nas sociedades ocidentais.

Deus não é mencionado no poema "Olhos humanos esperam", mas o elemento transcendente está presente em afirmações tais como: "Como um pavio que espere ser iluminado". A última estrofe diz:

> Continuo confiante, andarei por todo o mundo
> Com a luz das estrelas
> Nos meus olhos!

Esse elemento transcendente não se dá apenas na busca de Deus, mas também nas buscas de Deus através do humano, através de sua

---

16. KAPLAN, *Prophetic witness*.

condição humana. E na busca de ambos a partir do encontro profundo em que o eu e o tu se identificam. Vejamos como isso transparece no poema "De um coração para outro":

> Quão pequena é a distância do meu coração para o teu!
> Meus próprios anseios e desejos eu conheço tão bem.
> Como posso continuar cego para os teus?
>
> Um milhão de olhos buscam nada mais do que um contato.
> Como aranhas famintas, cada um despreza o outro,
> Cego para o amor, despido de confiança.
>
> Deixa-me confessar-te a nostalgia do meu coração,
> E, cruzando as incontáveis terras que nos separam,
> Tornando-me, ao final, o caminho para alcançar-te.

Em "De um coração para o outro", não é possível notar nenhuma imagem tradicional judaica e nenhuma menção aparente a Deus. O eu apenas se dirige a um tu. Este tu pode ser outro ser humano ou pode ser Deus. A este tu o eu propõe contato, mesmo que à distância, a partir da simpatia emocional, através de uma entrega ao outro e de uma abertura em direção a ele. Poderia ser um poema erótico romântico, mas não de um erotismo carnal, como na seção *Tsu a froy in Holem* ["Para uma mulher em um sonho"]. O humanismo sagrado de Heschel parte da vivência pessoal do eu *mensch* que busca o tu YHWH, o *Shem Hamefoiresh*. No entanto, como o *Shem Hamefoiresh* é também *Mensch*, então *Mensch* divino e *mensch* humano se procuram. Para usar o neologismo do *Rebe* Zalman Shachter, estamos aqui diante de um humanismo "teotrópico"; tal como uma planta busca a luz, o *mensch* busca o sagrado, que também se manifesta como sombra de Deus em cada homem e mulher. Dessa forma, o humanismo sagrado de Heschel consagra a humanidade do outro homem.

O outro homem pode ser também a humanidade em geral e não apenas outra pessoa em particular. Isso se evidencia em imagens hiperbólicas como: "Não somos nós um em milhões de corpos?" ou: "Por trás de milhões de máscaras Minha face se esconde". Nessas imagens das multidões humanas é a face de Deus que o poeta/ filósofo vê. Da mesma forma é uma imagem disfarçada do divino a imagem que aparece no poema "De um coração para o outro": "Um milhão de olhos buscam por nada mais do que um contato". Aqui também a imagem pode evocar a multidão dos outros seres humanos ou a face escondida do divino por trás dos olhos que buscam um contato.

O *mensch* está aberto a esse contato com Deus como no poema "Deus me persegue em toda parte":

> Deus me persegue em toda parte,
> Tecendo sua teia em torno de mim,
> Brilhando sobre minhas costas cegas como o Sol.
>
> Deus me persegue como uma densa floresta.
> E eu, totalmente maravilhado, sinto meus lábios emudecerem,
> Como uma criança vagando por um antigo santuário.
>
> Deus me persegue em toda parte, como um tremor.
> O desejo em mim é por descanso; ele me convocando diz: "Vem!".
> Percebo visões vagando como mendigos pelas ruas!
>
> Eu vou com meus devaneios
> Como em um corredor através do mundo.
> Às vezes, vejo suspensa sobre mim a face sem face de Deus.
>
> Deus me persegue nos bondes e nos cafés.
> *Oy*, é somente com a parte de trás dos olhos que posso enxergar
> Como os mistérios nascem, como as visões aparecem.

O maravilhoso e o misterioso contidos na sensação da presença divina são aqui permeados de imagens que evocam o urbano. Também nos bondes e nos cafés a presença de Deus é sentida. Ao contrário, do flanar baudelairiano sem transcendência que percorre a cidade observando sua paisagem e as atividades das pessoas, Heschel percorre a cidade e seu cotidiano sentindo nela também a sutil presença do transcendente. A cidade torna-se também ela mesma um "antigo santuário". O *mensch* hescheliano percebendo Deus, mesmo sem vê-lo, mostra-se aberto ao contato com o maravilhoso. Não é ele, o *mensch*, quem busca Deus, é Deus quem o busca, quem o persegue por toda parte. O diálogo não se dá apenas em um único momento, o diálogo acontece como um elo constante entre Deus e o *mensch*. A "face sem face de Deus", que em outros poemas é percebida nos rostos das multidões, torna-se nesse poema uma presença familiar. A *Shekhiná* desce ao mundo, o transcendente preenche a cidade.

Deus torna-se um companheiro, um irmão. A presença divina no pensamento de Heschel não é meramente conceptual, Deus é apreendido pela consciência do filósofo/poeta na experiência real. Essa dimensão mística do pensamento hescheliano não irá transparecer com essa mesma clareza em sua obra filosófica. Mas o fato é que a temática de sua obra ensaística, por ser a mesma de sua obra literária, mostra uma continuação e um desenvolvimento por outros meios do *leitmotiv* de seu pensamento: o reconhecimento pelo *mensch* do encontro do humano com o divino; e a ação ética derivada desse encontro está baseada na santificação do humano.

Observemos como isso se coloca no poema "Irmão Deus":

Irmão Deus
Deus, aquele que está confinado, contido
Nos labirintos do infinito,
Andando ligeiro pelas calçadas.
Oh, como a divindade te mascara, Deus!

Onipotência não é o teu único atributo.
Tu és triste e amargo também.
Às vezes, tu me tratas como a uma criança.
Brinca com seus velhos com pouco temor.

Nosso irmão que brinca no céu
Na luz infinita,

Sê terno conosco aqui embaixo
E gentilmente beija cada criatura com um suave abraço.

O diálogo com Deus torna-se uma oração, uma *tefilá* moderna. O hassidismo deixa o *shtetl* e o *shtibel*[17] do *rebe* e se mostra na imprensa iídiche secular. No poema, Deus não é apenas venerado com respeito. Ele não é apenas onipotente, brinca no céu como uma criança e é também triste e amargo. Ao apresentar desse modo tão informal o Deus hassídico nos círculos laicos, Heschel sutilmente convida a modernidade para um diálogo com a tradição judaica. Romanticamente ele quer trazer o hassidismo para a metrópole.

Na literatura cabalista medieval e hassídica, a essência divina, que ultrapassa toda compreensão racional, é denominada tradicionalmente de *Ein Sof*, termo hebraico que significa "O Sem Fim", ou, em uma palavra só, como sugere Gershom Scholem[18], "O Infinito". *Ein Sof* não é outro nome divino, e, portanto, nenhuma *tefilá* lhe é dirigida. *Ein Sof*, tido pelos místicos judeus como a unidade onde todos os contrários se igualam, é a essência da existência e da não existência, não é, portanto, um ser, é antes a essência infinita de todos os seres. Dessas explicações sobre a mística judaica poder-se-ia deduzir uma posição panteísta por parte das escolas místicas. Na verdade,

---

17. *Shteitel* (ou *shtetl*, plural: *shtetlach*) é um termo iídiche que significa "pequena cidade" e se refere às comunidades judaicas tradicionais da Europa Oriental, especialmente na Polônia, Lituânia, Rússia e Ucrânia, antes do Holocausto. Essas comunidades eram caracterizadas por uma forte identidade judaica, vida religiosa intensa e uma estrutura social baseada na Torá e nas tradições rabínicas.
Shtibel (do iídiche שטיבל, "pequena sala") refere-se a uma pequena sinagoga ou casa de oração, geralmente associada a comunidades chassídicas. Diferente de grandes sinagogas formais, os *shtiblach* eram mais informais e serviam como centros de estudo, oração e encontros comunitários.
18. SCHOLEM, GERSHON, *Grandes correntes da mística judaica*, São Paulo, Perspectiva, 1972, 13.

esse não é o caso, pois o panteísmo, por exemplo, do tipo espinosiano supõe a divindade como sendo apenas imanente ao real. Esse aspecto de imanência era reconhecido pelos místicos hassídicos e associado ao nome divino *Elohim*, que tem a mesma gematria[19] da palavra hebraica *Teva* ("Natureza"). Por outro lado, os místicos judeus assumiam uma posição panenteísta, pois afirmavam que a divindade é experimentada na mística como sendo imanente e transcendente. A posição hescheliana, de origem hassídica, é também panenteísta. Heschel, porém, não se interessa em pensar Deus, pois ele quer antes senti-lo, encontrar-se com ele. Como escreveu certa vez Hillel Zeitlin, amigo que influenciou Heschel em sua adolescência: "O Deus espinosiano é uma pura ideia. O Deus hassídico, em contrapartida, é alguém que vive, luta, cresce, dirige, sofre e se acalma, pensa e cria aquilo que o coração tece e a alma almeja. O Deus do *Baal Shem Tov* está no homem, mesmo em suas faltas e sofrimentos, em seus pecados e mesquinharias"[20]. A tristeza e a amargura não são, portanto, estranhas como atributos divinos sob uma óptica hassídica. Nos poemas de Heschel, Deus pode chegar às lágrimas em prol dos homens.

Vejamos por exemplo o poema "As lágrimas de Deus":

> As lágrimas de Deus molham as bochechas
> Dos proscritos e dos humilhados.
> Eu quero secar Suas lágrimas!
>
> Se houver alguém cujas veias tremam
> O silencioso tremor forjado por Deus,
> Deixa-o tocar teus lábios
> Até os dedos do pé do pobre.
>
> Ao verme esmagado pelo salto do sapato,
> Deus chama de "Meu sagrado mártir".

---

19. Numerologia hebraica. Em hebraico cada letra tem um valor numérico, e, portanto, as palavras têm relações numéricas entre si.
20. GREEN, *Three Warsaw mystics*, 27.

> Muito mais justo é o pecado do pobre
> Do que os bons trabalhos do rico.

Deus-*Mensch* se compadece com o sofrimento humano, e o homem-*mensch* sente no sofrimento humano, em especial no dos humilhados e dos pobres, um drama de proporções cósmicas. São as lágrimas divinas que molham as bochechas dos homens. O sofrimento humano é tão sagrado quanto o sofrimento divino. O sofrimento humano é até mesmo a expressão no mundo do sofrimento divino. O *mensch*, diante do sofrimento humano e divino, não permanece em uma atitude apenas contemplativa, ele quer enxugar as lágrimas de Deus dos rostos dos homens. A simpatia chega ao seu ponto mais intenso movendo o *mensch* para a ação.

Essa mobilização para ação se constitui em outra dimensão não acadêmica da obra intelectual e social de Heschel. As duas Guerras Mundiais e suas consequências nefastas para civilização ocidental e para o povo judeu, em particular para as comunidades judaicas da Europa Oriental, foram eventos cujo impacto não pode ser menosprezado no estudo da obra heschelliana. O Heschel maduro que caminha ao lado de Luther King nos anos 1960 já poderia ser pressentido no jovem estudante e poeta místico que circulava nos meios socialistas e libertários nos anos 1920 ou no que se uniu a Buber na resistência ao nazismo na Alemanha dos anos 1930.

Essas três dimensões da obra intelectual e da biografia de Heschel – a saber: a poesia romântico-mística, a filosofia humanista religiosa, de cunho acadêmico, e a atividade político-social – desde sua juventude se entrelaçaram. Dessa forma, podemos notar nos poemas de *Der Shem Hamefoiresh: Mensch* não apenas a mensagem de uma mística do humano, mas também a convocação para a ação. Diante muitas vezes da inércia divina, o poeta indignado pede a Deus que o use como um instrumento de sua vontade. Em sua obra filosófica, Heschel formulará, a partir da tradição mística judaica, a ideia de que o ser humano é uma necessidade divina. Partindo da noção cabalística de *tikun olam*, do concerto do mundo como obra suprema de redenção, Heschel descreve em *Deus em busca do homem* e em *O homem não está só* a necessidade divina de que o ser humano realize essa obra de superação e redenção, obra que, ao mesmo tempo, realiza e liberta o humano para que este floresça.

Vejamos como essa temática é apresentada no poema "Milhões de olhos sufocam-se":

> Milhões de olhos sufocam-se em uma lágrima.
> Diversos embaraços, devidos ao complicado fado.
> Deus, dá-me tua espada,
> Para cortar os nós górdios
> Que enredam o divino tear do destino de todos os homens.
>
> Não, eu não quero desnudar teus punhos!
> Eu somente te imploro
> Que digas a cada bacilo: "Não matarás".
> Proíbe os desastres,
> Banindo a sede de sangue de homens e bestas.
>
> Pendura-me como um espantalho
> Por sobre todos os vulcões da terra!
> Põe-te como sentinela
> Nos poros da pele
> De modo que nenhuma doença ouse entrar.
>
> Eu também sustentei o peso do dano causado por ti
> Desafio-te: Sinta!
> Como nós, como eu.
> Se não, eu te alerto, que me manifestarei
> E clamarei
> Para que todos saibam
> Que Deus esqueceu seu coração
> Dentro do meu peito.

As imagens místico-românticas da poesia de Heschel muitas vezes se tornam hipérboles quando se referem a Deus e ao encontro do humano com o divino. Temos novamente, neste último poema, a imagem dos "milhões" que condensam referências ao humano e ao divino, por exemplo as faces ou elementos das faces humanas. Percebe-se aqui que a referência à face ou aos olhos, pelas qualidades de expressão do rosto humano, tem a intenção de dar intensidade emocional a esse encontro. E ao mesmo tempo são também apenas faces humanas que choram. Deus não é pensado a partir de conceitos teológicos abstratos, mas sim na experiência emocional. Deus é *mensch*, e sua face sem face transparece no rosto de todos os homens. Novamente, porém, diante da inércia divina, o *mensch*, percebendo o desespero das pessoas, pede a Deus para que o envie como voluntário, com a espada divina, para romper os nós que "enredam os destinos humanos". O *mensch* reconhece que a condição humana é frágil, ainda que investida de santidade. Mesmo assim o *mensch* quer agir de modo a libertar os outros homens. A ação humanizadora do *mensch* é o que dá sentido à libertação que este quer realizar.

O *mensch* revoltado contra a inércia divina desafia-o: "Sinta!". Deus não é desculpado atrás de raciocínios teológicos. O *mensch* clama pela *Menschlichkeit* divina. Ser a imagem divina significa ter de lembrá-lo que ele (Deus) deve ser *mensch* em contrapartida. O *mensch* então, em um momento supremo de profundidade emocional, proclama a essência da consciência de sua experiência humana: "Deus esqueceu seu coração dentro do meu peito". Comentando a obra de Heschel, Kaplan formula a hipótese de que o teocentrismo do humanismo hescheliano implica a crítica às mazelas da condição humana em nossos tempos formulada a partir de um ponto de vista universal, o que em Heschel[21] significa assumir o ponto de vista divino.

---

21. O próprio Heschel, na obra *O homem à procura de Deus*, assume que o ponto de vista divino é vivido pelo ser humano quando este alcança uma visão universal.

Mas o ponto de vista divino não é alcançado de forma racional, não é o pensamento divino o que o *mensch* busca compreender. O *mensch* percebe por sensação o sentimento divino e sente pelo homem o que Deus sente: um profundo amor pelo ser que é no mundo a imagem de Deus. E, se Deus não sente, o *mensch* continuará mesmo assim proclamando a sua vontade de redenção.

Os poemas heschelianos pelo seu conteúdo constituem verdadeiras orações contemporâneas, escritas por um místico hassídico que tenta alcançar através das palavras o homem moderno, tão distante da vivência espiritual do sagrado.

▪ Heschel e a palavra

Os poemas publicados na coletânea *Der Shem Hamefoiresh: Mensch* estão entre os últimos textos de poesia *stricto sensu* publicados pelo autor durante a vida. Como já foi dito antes, ainda é obscura a razão de Heschel não ter continuado sua carreira de poeta. Algumas razões, que não explicam completamente esse abandono da expressão poética, podem, no entanto, ser imaginadas. Em primeiro lugar, poder-se-ia encontrar uma razão para seu abandono da poesia no repentino desaparecimento do iídiche como língua viva, falada pelas massas judias da Europa Oriental, após o genocídio nazista. O iídiche sobreviveu em pequenos nichos desde então, inclusive devido a autores que, como Singer, continuaram a escrever nesse idioma. Mas sua importância como língua judaica se reduziu muito. Heschel, como é sabido, somente escreveu seus poemas em iídiche. Quando os círculos de cultivo dessa língua minguaram, chegando a imprensa iídiche a praticamente desaparecer, Heschel pode muito bem não ter encontrado um canal para dar vazão à sua criatividade.

As reiteradas tentativas de Heschel de tirar de circulação os volumes do *Der Shem Hamefoiresh: Mensch* apontam, como já afirmado, para uma atitude deliberada do autor para impedir o acesso a tais poemas. Essa atitude de prudência extremada com relação à sua fama nos meios intelectuais de seu tempo é possível, porém não seria condizente com o caráter de Heschel, que desafiou em seus escritos o pensamento vigente. Green, no entanto, claramente sugere essa explicação ao comentar sobre o uso ambíguo do termo "místico" em Heschel[22]. Os poemas que são de inspiração e conteúdo claramente místicos poderiam ser mal recebidos no ambiente intelectual dos anos 1950 e 1960.

Nos seus escritos filosóficos, Heschel escreveu principalmente em alemão, durante seu período como intelectual em Berlim e Frankfurt nos anos 1930, e em inglês em seu período como professor nos Estados Unidos da América. Em hebraico, apesar de ter escrito um estudo de muito interesse para quem quiser compreender os caminhos da interpretação rabínica (*Torá min Hashamaim Beaspaklaria Shel a Dorot*), o volume geral de seus escritos é muito pequeno.

É notável que no final de sua vida Heschel tenha retornado ao iídiche em seu último trabalho, *A passion for truth*, publicado em 1973, após sua morte. Nessa obra, na qual é comparado o pensamento do *Rebe* Mendel de Kotzk ao de Sören Kierkegaard, Heschel faz um esboço dos paradoxos de uma ética e de uma fé pós-Holocausto. Mendel de Kotzk foi o grande modelo espiritual de Heschel durante toda a sua vida. Ao escrever essa obra, que por sinal é muito mais conhecida em inglês do que em iídiche, Heschel faz um último tributo à sua língua materna. Aparentemente Heschel abandonou o iídiche por várias décadas. Shandler, contudo, apresenta uma interessante hipótese: Heschel continuou pensando em iídiche, e a prova disso seriam os "idichismos" nas construções de seus textos em outras línguas, principalmente em inglês, idioma no qual Heschel escreveu e publicou a maior parte de sua obra. Se a hipótese de Shandler[23] for

---

22. GREEN, *Three Warsaw mystics*, 54.
23. SHANDLER, Heschel and Yiddish, 278, 289.

verdadeira, então, em vez de ter sido deixado de lado, o iídiche teria se tornado o solo linguístico de seu pensamento. Em outras palavras, o iídiche contaminou toda a obra de Heschel.

O mesmo poderia ser dito com relação à sua obra poética. Em vez de ter sido abandonada, a poesia contaminou toda a obra de Heschel. Essa é a opinião de vários estudiosos de sua obra. Kaplan, o mais importante deles, observa que sua prosa filosófica é recheada de figuras dramáticas, de metáforas e de frases melódicas; que no seu conjunto compõem um estilo muito característico. Tal estilo hescheliano exige do leitor, mesmo em seus livros mais extensos, uma leitura lenta e cuidadosa. Kaplan chama isso de "microleitura"[24], frase por frase e palavra por palavra com uma atenção fina e meticulosa, pois as palavras em Heschel podem conter mais de um sentido. Essa complexidade pode levar o leitor menos atento a perder-se como em uma floresta. O que levaria, segundo Kaplan, o leitor mais acostumado com textos de outros filósofos a considerar Heschel apenas um poeta.

O professor italiano Giovanni Tangorra, em seu artigo "Heschel: il teologo poeta"[25], de dezembro de 1997, observa que o estilo muito próprio da obra hescheliana visa não exatamente apresentar um sistema filosófico completo, mas antes descrever a relação com o inefável e a experiência da fé. Nos poemas do jovem Heschel, a experiência com o inefável se apresenta na forma de uma poesia densa, que se caracteriza como uma forma de oração. Poderíamos usar a noção de *piut*, os poemas litúrgicos que caracterizaram a expressão artística e piedosa dos judeus europeus do medievo. Muitos *piutim* integraram com o tempo o *sidur* e aparecem em grande número na liturgia de *Rosh Hashaná* e *Yom Kippur*. O *piut* secular hescheliano

---

24. KAPLAN, *Holiness in words*, 23.
25. TANGORRA, GIOVANNI, Heschel. il teologo poeta. *Septimana*, n. 46 (dezembro 1997).

agrega noções libertárias ao mesmo tempo que quer trazer a experiência do divino para perto da experiência moderna. Heschel quer mais do que definir a noção de *páthos*, sua intenção é estimular o leitor à experiência do *páthos*. Dessa forma, a palavra em Heschel pretende mais do que se apresentar como tijolo de uma argumentação fria: quer ser um veículo de inspiração.

Uma análise da dignidade das palavras à luz do próprio Heschel é outrossim reveladora. Em seu livro *Man's quest for God* [de 1954, que foi publicado no Brasil em 1974 com o título de *O homem à procura de Deus*], cujo tema é a oração, Heschel faz uma interessante descrição do que as palavras significam em seu pensamento. No capítulo "A pessoa e a palavra", Heschel afirma que a natureza da palavra é ser ela um veículo de manifestação do poder do espírito. E, no entanto, ela, a palavra, é objeto de constante "aviltamento e depravação" pelo homem moderno. Ou seja, segundo Heschel, o homem moderno tem vulgarizado a palavra por não entender seu sentido profundo: "Nunca seremos capazes de entender que o espírito se revela em forma de palavras, se não descobrirmos a verdade vital de que a fala tem poder, de que as palavras são um compromisso"[26]. Heschel pensa que a palavra, uma vez falada ou escrita, tem a força de um voto. A palavra, para Heschel, é mais do que uma combinação de sinais ou letras; as letras são unidimensionais e só têm a função de representar os sons; por outro lado, as palavras têm plenitude e profundidade, são multidimensionais. A palavra tem, dessa forma, uma realidade própria objetiva.

Essa dignidade das palavras permanece, porém, fora do alcance do homem moderno: "Em nossa civilização – diz Heschel –, na qual tanto está sendo feito para liquidar com a linguagem, o reino da

---

26. HESCHEL, ABRAHAM J., *O homem à procura de Deus*, São Paulo, Paulinas, 1974, 43.

oração é como um arsenal do espírito, onde as palavras se conservam limpas, santas, cheias de força para nos inspirar e nos manter espiritualmente vivos"[27]. O homem moderno, por negar a transcendência como vivência possível, nega a palavra como oração, como *tefilá*, nega a linguagem no seu sentido mais profundo.

A linguagem profunda não se manifesta apenas na oração, manifesta-se também na poesia: "Uma palavra é um foco, um ponto em que as significações se encontram e de onde as significações procedem. Na oração, como na poesia, nós nos voltamos para as palavras, não para usá-las como sinais das coisas, mas para ver as coisas à luz das palavras. Na fala diária, nós é que falamos as palavras, as palavras são silenciosas. Na poesia, na oração, as palavras é que falam"[28]. A forma poética do discurso filosófico hescheliano é, portanto, um meio de ir além da expressão acadêmica fria, pois Heschel não se pretende apenas um *scholar* do judaísmo, ele quer envolver o leitor em uma vivência do inefável, do que vai além das palavras. No cotidiano moderno a transcendência se esconde da consciência do sujeito, desse modo há um rebaixamento das expectativas humanas; esse rebaixamento se evidencia na perda de significado que sofrem as palavras. Heschel busca através da poesia e da prosa poética acordar o homem moderno da alienação de sua própria essência.

Para Heschel, a essência do homem é a santidade. *Der mensch ist hailik* ("o ser humano é sagrado"), eis a mensagem central dos poemas heschelianos. Mas o que é "santidade" para Heschel? Segundo Heschel, a santidade, o sagrado, constitui a dimensão fundamental da existência. Sagrado é por excelência um atributo de Deus e sagrado é o que foi por ele santificado. De acordo com o pensamento hescheliano, sagrado é o tempo, o *Shabat* por exemplo. Sagrado

---

27. Op. cit., 46.
28. Op. cit., 45.

também é o ser humano, o símbolo do divino. A essência humana toca, portanto, no divino, porém, a vivência do divino, o encontro com Este, é, em suas palavras, o encontro com o inefável, o que está além da expressão. O paradoxo da palavra, em Heschel, é que ela tem por missão ser o veículo de sua própria superação. O recurso à poética é, desse modo, uma forma de envolver emocionalmente o leitor e convocá-lo para a ação.

▪ O "mensch"

A palavra *mensch* existe tanto no iídiche como no alemão. Em ambos os idiomas esse termo significa "pessoa" ou "ser humano". Em ambos os idiomas *Menschlichkeit* significa a "conduta humana", no sentido de demonstração de humanidade, de virtudes, tendo, assim, um sentido positivo. Somente no iídiche, não obstante, *mensch* também tem o sentido de "boa pessoa", de "verdadeiro ser humano". Em alemão, este último sentido não existe. O que é sublinhado aqui é que em iídiche o termo *mensch* é inerentemente positivo. Para a mentalidade iídiche, chamar alguém de *mensch* é sempre elogiá-lo.

Em Heschel, para quem o iídiche era a língua materna e que, segundo Shandler, como já foi dito, permaneceu pensando em iídiche por toda a vida, o termo *mensch* certamente conservava seu sentido positivo de ser humano integral, de pessoa que cultiva as qualidades humanas. O *mensch* nos poemas heschelianos é aquele sujeito que toma consciência do encontro com Deus e que deriva desse encontro a noção de que Deus é *mensch* e olha a todos os outros *menschen* como seres dotados de um imenso valor, por identificá-los individual ou coletivamente com a face divina. Por outro lado, o *mensch*, que nos poemas heschelianos também é o eu-lírico, toma consciência do sofrimento e da humilhação de seus irmãos e quer, em nome desse imenso valor que têm os outros *menschen*, libertá-los. A condição humana se apresenta para o *mensch* hescheliano sob a forma de uma paradoxal tensão em razão de simultaneamente ser a imagem divina sem poder realizar plenamente essa imagem em si, ou seja, de existir aquém de sua possibilidade de realização.

O *mensch* é aquele que constata de modo indignado a alienação dos homens de sua própria humanidade, a qual fenece qual planta que esqueceram de regar. A necessidade de regar a semente de humanidade é o vetor da ação do *mensch* hescheliano sobre si e em relação ao mundo. Essa ação tem como alvo o encontro com Deus. Mas buscar a Deus, dentro de uma visão judaica, é fazer a sua vontade, cumprir seus mandamentos, sua *Torá*.

Há na *Torá*, segundo a tradição judaica, dois tipos de *mitvot* ("mandamentos divinos"): *mitzvot bein adam lamakom* ("mandamentos concernentes ao relacionamento entre o ser humano e Deus") e *mitzvot bein adam lakhavero* ("mandamentos concernentes ao relacionamento entre o ser humano e seu semelhante"). Na mística hassídica de Kotzk, que, como já vimos, tanto inspirou Heschel, as *mitzvot bein adam lakhavero* são consideradas as mais importantes para a realização do *tikun olam* ("redenção universal"). A busca de Deus torna-se a busca da realização humana: eis a mística do humano em Heschel. A mística do humano é, portanto, em Heschel, uma mística que conduz à ética. É também, no entanto, a consciência da polaridade da condição humana, da diferença de potencial entre o homem redimido e o homem alienado; diferença essa geradora no pensamento hescheliano do *leap of action* ["salto de ação"] da alienação para a realização da humanidade.

Mas o que fazer quando irrompe na história, na vida dos homens e mulheres, uma situação de decadência das condições de realização da humanidade de cada homem? Nessas circunstâncias, o pensamento de Heschel foi se politizando.

O jovem Heschel, cujos poemas foram publicados em 1933, testemunhou a ascensão do regime nazista. Nos anos 1930, as deportações em massa, o genocídio, os campos de extermínio, Auschwitz e a solução final ainda estavam além da imaginação de qualquer intelectual resistente ao antissemitismo nazista. Heschel encontrou naquelas circunstâncias muitas dificuldades para viver e para obter seu certificado de doutorado, que, embora defendido em 1933, só lhe foi outorgado em 1936, após a superação de vários empecilhos burocráticos que dificultavam a vida de um intelectual judeu na academia alemã naqueles tempos. Como sua opção foi ficar na Alemanha, onde permaneceu até 1938, pôde ver a montagem de uma formidável máquina de perseguição, que profanava tanto em textos como em ações seus valores com respeito à figura humana. O homem dominado pelo "mundo das coisas" era o agente do sofrimento e humilhação de outros homens.

Em 1938, quando Heschel estava em Frankfurt como diretor da *Jüdisches Lehrhaus*, proferiu junto a um grupo de cristãos antinazistas uma palestra que alguns anos mais tarde, em 1944, foi desenvolvida e publicada nos Estados Unidos, saindo na revista do *Liberal Judaism* do *Hebrew Union College*, sob o título de *The meaning of this war* ["O sentido desta guerra"]. Comentando a barbárie nazista e a crise da civilização agravada pela guerra, que era iminente em 1938 e efetiva em 1944, quando o texto foi publicado, Heschel começa dizendo: "A marca de Caim na face do homem tem sombreado a semelhança com Deus"[29]. E, diante do terror, do genocídio e da agonia de milhões, Heschel perguntava: "Quem é responsável?". Notemos bem que a pergunta hescheliana não é "quem é o culpado". Era óbvio que os nazistas e seus aliados eram os culpados pelos crimes de guerra e pelos crimes contra a humanidade. Ao perguntar, porém, sobre a responsabilidade, Heschel se dirigia a todas as pessoas que viveram aquele trágico momento. Pois a questão não se resumia a se

---

29. HESCHEL, ABRAHAM J., The meaning of this war, in: ID., *Moral grandeur and spiritual audacity. Essays*, New York, The Noonday Press, 1996, 209.

ter permanecido alheio aos crimes nazistas, mas, antes, em não se ter indignado a tempo: "Não deixemos o fascismo ser um álibi para nossa consciência. Nós falhamos em lutar pelo direito, pela justiça e pela bondade; e, como resultado, devemos lutar contra a usurpação dos direitos, contra a injustiça e contra o mal"[30].

Heschel identificava, assim, o envenenamento básico da civilização moderna: a morte do sagrado. Com esse conceito, ele se refere à morte da "alma" do homem moderno. Dessa forma, o irromper da barbárie não era uma surpresa, mas uma consequência nefasta do simulacro de humanismo que restava quando o ser humano não era mais visto com a reverência que lhe é devida. Deus fora "aprisionado nos templos", e, dessa forma, a má consciência do homem moderno levava-o a eclipsar a sua própria civilização. As conquistas materiais já não poderiam simular o sucesso da civilização, enquanto, por outro lado, a humanização regredia. Falando sobre seus irmãos mortos na Polônia, Heschel comentava: "Eles morreram com desdém e escárnio por uma civilização na qual a matança de civis pode tornar-se um carnaval, por uma civilização que nos deu o controle sobre as forças da natureza, mas que nos levou a perder o autocontrole sobre as forças do *self*"[31].

Para o *mensch*, em última análise, a questão se apresenta da seguinte forma: "Ou o homem reflete a imagem de Deus ou a da besta". E, diante da barbárie e da desumanização, torna-se ainda mais importante reafirmar a busca do divino através da afirmação da santidade da condição humana. Voltando ao texto citado, sobre a guerra Heschel comentava: "O martírio de milhões neste exato momento exige que nos consagremos à realização do sonho divino por salvação". Não poderia haver nenhuma neutralidade. Tal como no poema

---

30. Op. cit., 210.
31. Op. cit., 211.

"Milhões de olhos sufocam-se", o *mensch* é voluntário na tarefa de ser aquele que empunha a espada divina, de ser o espantalho de Deus contra a sede de sangue. As cenas de genocídio tornadas públicas, logo após a guerra, evocam a imagem dos milhões de humanos que, nos poemas heschelianos, são uma alusão a Deus. O martírio das vítimas do Holocausto, não como judeus, mas como seres humanos, é, assim, uma visão do martírio divino. A imagem do quadro de Chagal do judeu crucificado vítima do *pogrom*, com todos os sentidos que essa imagem de origem cristã evoca na mente ocidental, poderia ser aqui usada como um paralelo, uma analogia do sofrimento divino e humano descrito por Heschel.

A religiosidade do *mensch* é, portanto, uma religiosidade voltada para as tarefas sociais de redenção. A redenção messiânica de que falou Benjamim está claramente presente em Heschel, demonstrando que sua raiz comum na tradição judaica fornecia a ambos uma matriz para formular suas críticas de caráter humanista em relação ao processo de modernização. Diz Heschel: "Uma pessoa não pode ser religiosa e indiferente à condição e ao sofrimento de outros seres humanos. De fato, a tragédia do homem é que muito de nossa história é uma história da indiferença, dominada por uma famosa máxima: 'Acaso sou eu o guarda de meu irmão?'"[32].

Acaso sou eu o guarda de meu irmão? Essa é a resposta de Caim a Deus quando ele lhe perguntou onde estava Abel, que Caim tinha acabado de assassinar. A postura de Caim, a postura de cinismo com relação à condição humana, é a antítese da postura do *mensch*. Este sente-se responsável pelo seu irmão até o ponto de desafiar Deus a não se esquecer de salvar os seres humanos e redimi-los. O *mensch* é dessa forma um religioso e um místico ativo e engajado em uma espécie de "teologia da libertação" *avant la lettre* e de conteúdo judaico.

---

32. HESCHEL, ABRAHAM J., The plight of Russian Jews, in: ID., *Moral grandeur and spiritual audacity*, 213.

"Teologia da libertação", pelo seu conteúdo de crítica social e de busca de uma redenção dos oprimidos, parece um conceito sedutor. Ainda mais pelo fato de que Löwy interpreta o conteúdo da teologia da libertação como uma crítica romântica, na sua linguagem oposta aos rumos que tem tomado o processo de modernização. Se pensarmos na crítica que os teólogos cristãos da libertação latino-americanos fizeram, nas últimas décadas, à desumanização e à exclusão social de milhões no terceiro mundo, então o pensamento hescheliano nos parecerá muito próximo da formulação deles. Ainda mais porque elementos de matriz messiânico-libertária ou romântico-libertária podem ser realmente identificados no pensamento hescheliano, desde seu mais tenro princípio, aqui representado por seus poemas de juventude.

O problema é que o próprio Heschel recusava para si o rótulo de teólogo. Heschel não quer explicar Deus à maneira dos teólogos. E é uma grande ironia que sua obra seja por muitos vista apenas de um ponto de vista teológico. Ele, depois de sua fase lírica, pretendeu ser um filósofo da religião ou um filósofo do judaísmo (o que para ele era a mesma coisa). Não um filósofo da religião que a observa de fora, mas alguém que de dentro da religião descreve o que é pensar religiosa e, portanto, no caso de Heschel, judaicamente. O pensamento hescheliano é situacional em sua descrição fenomenológica da consciência religiosa. Ao falar em teologia, o velho Heschel descreverá sua busca como sendo por uma teologia profunda, menos ligada a crenças e mais aos antecedentes da fé, da experiência inefável, sem palavras, do encontro com Deus. Com relação aos poemas, ainda não se pode falar em uma teologia sistemática. Pelo seu conteúdo existencial e literário, inspirado no hassidismo, seria melhor e mais frutífero falar, como já foi sugerido antes, de uma mística. Essa mística hassídica e romântica se expressa como mística da redenção, como mística da libertação humana. Essa correnteza profunda do pensamento de Heschel se baseia em suas preocupações com relação à dignidade e ao sofrimento do ser humano.

O *mensch* encontra um elo com o divino na relação com os outros homens. O *mensch* ama dessa forma o *homo sapiens* e quer auxiliar o despertar nele da semente humana, que é a imagem divina, que todos os seres humanos são, mesmo quando não se dão conta. O *mensch*, por outro lado, também se dá conta de que essa semente pode não germinar. Mas, se Deus tarda ou não é capaz de sentir, então o ser humano sensibilizado, o próprio *mensch*, sente-se necessário como espantalho divino nessa tarefa de clamar à consciência dos outros *menschen*, pois em seu peito Deus esqueceu o coração.

Esta poderia ser a autodefinição hescheliana do *mensch*: aquele em quem Deus esqueceu o coração. Não Seu poder, mas antes a Sua sensibilidade para com a santidade e o valor infinito da vida humana. E ao mesmo tempo a sensibilidade para com a tragédia inerente à condição humana neste mundo, causada pela natureza extra-humana (a doença e a morte), mas sobretudo causada pelo processo crescente de desvalorização do humano presente nas sociedades modernas. O homem moderno, fruto desse processo, aliena-se cada vez mais de sua humanidade, vai perdendo seu coração. O coração na linguagem tradicional judaica é o veículo da consciência e também é o motor da ação. A ação do *mensch* é clamar à consciência.

Edward Kaplan chama esse primeiro momento da obra de Heschel, que vai até sua saída da Alemanha, em 1938, e sua chegada aos Estados Unidos da América, em 1940, de período de "testemunho profético". É esse o momento da formação intelectual de Heschel, e sua primeira experiência de atração por e desilusão com a modernidade por meio da experiência concreta com a modernidade alemã. No segundo momento, que vai de 1940 até sua morte, em 1972, Heschel transforma seu testemunho em um apelo, através do que Kaplan chama de "radicalismo profético". Entre esses dois períodos, está a *Shoá*, o genocídio nazista. O testemunho profético é em Heschel o testemunho perante Deus e perante o homem. Historicamente é o testemunho da tragédia judaica centro-europeia no entreguerras, que culminou com o holocausto nazista. Mas é também a tragédia humana, uma vez que Heschel tirará mesmo do genocídio de seu povo uma lição universal: o ser humano é sagrado, e a modernidade tem substituído a santidade viva do humano, reflexo da sanidade divina, pela idolatria das coisas mortas, que, tal como os ídolos, são produto alienado da atividade do próprio homem. Nos poemas, a percepção dessa tragédia ainda não é completamente antevista; não é no sentido de previsão do futuro que seu testemunho é profético. É profético no sentido bíblico de assumir na palavra o *páthos* divino diante do mal que emerge na história humana.

Para Heschel, o mal emerge na história humana quando a imagem divina é profanada, quando o homem é impedido de realizar-se como ser em busca da transcendência. A visão religiosa que Heschel tem da história humana é a de que esta é o encontro da eternidade com a temporalidade. Da mesma forma que o mundo, segundo Heschel, é uma capa da revelação, da mesma forma a história forma um veículo para as ações de Deus no mundo. Essas ações de que fala Heschel são aquelas que levam à realização da passagem do homem da animalidade do *homo sapiens* para a humanidade do *mensch*. Como já foi dito, na mística judaica tais são as ações de *tikun*, da redenção humana. O *mensch* age tendo no peito o coração divino e é, portanto, muito sensível à profanação da imagem divina. A sua vivência na Alemanha, durante o período nazista, aprofundou nele o sentido de urgência na luta contra o racismo e a violência, que são para ele a própria manifestação do satanismo. Esse sentido de urgência está conectado à sua passagem da literatura para a filosofia da religião.

Ainda durante o ano 1933, no início do regime nazista, ele vive uma experiência que lhe inspirou seu último poema publicado *In tog fun has* ("No dia do ódio"). No dia 1º de abril desse ano, o governo promoveu um boicote às lojas de proprietários judeus por toda a Alemanha. As tropas da SS e outros colaboradores do novo regime se colocaram nas entradas das lojas e começaram a intimidar os cidadãos que tentavam entrar nesses locais. Militantes nazistas colocaram estrelas amarelas, que traziam no centro a palavra judeu, nas janelas desses estabelecimentos. As tropas de choque nazistas portavam cartazes onde se lia: "Ariano. Não entre". Seguiu-se uma queima de livros de autores judeus ou esquerdistas.

A resposta veemente de Heschel foi escrever o dramático poema *In tog fun has* ("No dia do ódio"), que apareceu no diário iídiche *Haynt*, em 10 de maio em Varsóvia. Nessa ocasião, Heschel assinou sob o pseudônimo de *Itzik*, nome que faz referência tanto ao filho do patriarca Avraham, quanto, por metonímia, a todos os seus descendentes. *Itzik*, um nome de cunho pejorativo usado na época por antissemitas para chamar qualquer judeu, foi escolhido também como uma forma de ironia do autor. Sobre esse poema, Kaplan comenta[33] que, dado seu conteúdo, Heschel temia que as autoridades nazistas lhe dificultassem a obtenção do doutorado.

"No dia do ódio" é certamente o mais dramático e longo poema de Heschel. O poema começa como uma crônica:

> No dia de *Shabat*,
> Às dez horas em ponto, uma obscena massa de gente,
> Empurrões, nas soleiras, nas entradas.
> Como cobras, crescendo surdas e compridas
> Em cada entrada, cheias de veneno, um profanador de vidas genuínas
> Sufocando gargantas na porta de uma nação degradada.
> O populacho cuspindo e caçoando de qualquer um que entre.
>
> Cidadãos, em mansões ou em casas humildes, em pé, parados
> Como lebres diante do mal, fogueiras envenenadas,
> Cada parede um sinal colado,
> Cada sinal manchado de dor e ódio.

---

33. KAPLAN, *Prophetic witness*, 178-180.

Gut yontef, alemães de raça pura!
Vós santificastes este dia ao ódio, santificando-o para vossos preciosos lacaios.
O povo é um tambor, batido com tons amarelo-esverdeados.
Dentro deles batem anos de ódio e inveja.
Um clamoroso dedo aponta para tudo isso: "Eu vos dei presentes e boa fortuna!".
No coração das massas, a vontade de correr aos saques.
Cada coisa é saqueada dez mil vezes mais.

Gritos famintos pelos grandes cavalheiros.
A rua, um ódio vulcânico.
Cada boca, um nó cego de pragas.
Seus lascivos gestos ainda mais loucos que seus olhos.
Em torno de entusiásticas forcas, o populacho grita:
"Judá é a doença do mundo!
O castigo dos cães é bom demais para eles.
Juízes judeus são traidores, preenchidos com negra corrupção.
Farmacêuticos judeus nosso veneno, germens em suas curas.
Usurários e sanguessugas todos.
Jogai suas crianças fora da escola,
Seus mendigos fora dos asilos, seus doentes fora dos hospitais!".

Santa é a humilhação de Israel!
Uma mão, bêbada com o sangue de homens desgraçados.
Bofetada pintada de vermelho e raiva.
A multidão observa de cada janela.
Faces estampadas com a aguda marca da vergonha.
A casa do judeu é violada, abandonada, uma latrina aberta.
A mão marca a ferro uma Estrela de Davi em cada dor.
Como cortinas sagradas em arcas profanadas.
Fachadas das casas judias ardem.
O *Shem Hamefoiresh* brilha na escuridão,
Itzik queima em cada janela.

Manchas amarelas palpitam em negros sinais de piche da vergonha.

Pedaços de pergaminhos, despidos de palavras, ardem como janelas queimando de dor.
Dentro de sagradas peles de carneiro, uma inflamada mão soletra escritos velados.
Diante de todas as nações e eras, uma profecia se levanta.

Eu sei: Deus agora vê através dos meus olhos.
Cada membro meu desenha essa dor maligna.
Tremores irrompem de meus cabelos e chicoteiam.
Minha respiração queima! Meus olhos fervem!
Estou todo consumido pelo fogo da minha ira!
Mas de repente sou beliscado por um verso ardente.
Escrevo o *tefilin* divino com sangue de nossa desgraça:
"Creio em Deus e creio nos judeus!".

***

Oh, Pastor dos Pastores, no *Shabat*, no pó!
O sangue do desgraçado chora quente,
O sangue dos abatidos.
Para sempre carregarei as feridas em minha memória.
Não podemos queimar nossa dor
Numa fogueira de ódio
Nem podemos congelar nossa miséria
Em cinzas de vingança.

A vergonha não dói
Mais fundo que as cólicas da morte.
Poderemos rapidamente perdoar a destruição forjada de raiva
Mais que a destruição forjada de escárnio.
Somos velhos como Deus
E derramamos mais lágrimas por ti do que por nós mesmos.
Então chora, *Shekhiná*, por nós também...

Em algum lugar, o céu rasga suas roupas na manhã.
Nosso confinado choro
Poderia inundar o mundo.
Entretanto, choramos, choramos em silêncio.

> Mas agora saibai disso, bêbados, sanguessugas da alma:
> Nós não podemos meramente perdoar e suspirar,
> Mas será um vendaval na noite seguinte,
> E caçar esse dia de opressão de nossa mente.
> A besta será sufocada na força da mão de seu próprio amargor!
> Deus de nossos ancestrais e profetas,
> *Oy*, cura-nos e santifica-nos em nossa própria vida!

Apesar do poema *In tog fun has* ("No dia do ódio") não figurar na antologia *Der Shem Hamefoiresh: Mensch*, que foi publicada no mesmo ano, seu conteúdo é bastante similar ao dos outros poemas heschelianos. Nele também, como nota Shandler[34], o *Shem Hamefoiresh*, o impronunciável nome divino, é invocado. Aparecendo no meio do poema, o nome divino está conectado ao nome iídiche *Itzik*, isto é, a um judeu qualquer, ao judeu desprezado. *Itzik* é também o pseudônimo usado pelo autor, que, como já foi visto, encarna, na sua dor, o *mensch*. A profanação e a degradação dos judeus é, assim, a profanação da humanidade. Anos mais tarde, durante os julgamentos de Nuremberg, a tese de crime contra a humanidade foi levantada e confirmada como descrição dos crimes nazistas. Em 1933, nem Heschel nem ninguém poderia imaginar no que iriam dar esses primeiros atos feitos sob o aval do governo nazista. Mas a noção de que algo muito grave estava começando a se dar era sentida por muitos, inclusive por Heschel.

As imagens do poema hescheliano são expressionistas ao descreverem o horror e a brutal humilhação de seus irmãos: vergonha, pesar, reflexões filosóficas, uma afirmação de fé e, no final, um clamor em prol da salvação divina. Em certa altura, o poeta afirma: "Eu sei: Deus agora vê através dos meus olhos". Shandler[35] afirma que

---

34. SHANDLER, Heschel and Yiddish, 260.
35. Op. cit., 265.

aqui temos um indício do começo do abandono da poesia por parte de Heschel e uma invocação da oração e da profecia. A "apreensão estética" começa a dar lugar, em Heschel, a uma "apreensão profética", o conteúdo da mensagem começa a ser expresso de outro modo, pois a poesia não era o meio próprio para a mensagem intelectual, criativa e moral que ele estava articulando. Os meios literários seculares iídiches dificilmente poderiam ser reconciliados com a agenda de profeta judeu, tal como Heschel a concebia. Mesmo a língua iídiche não poderia ter o alcance necessário para o diálogo que o pensador intentava fazer com os homens e mulheres de seu tempo. Era necessário encontrar uma ponte entre o judaísmo e o Ocidente. Essa ponte para Heschel é a Bíblia.

A crise da modernidade interpretada em termos religiosos ilumina a inescapável responsabilidade humana em realizar sua libertação através do reconhecimento e da luta contra o mal radical. A indiferença ainda que de forma passiva exila Deus do mundo, aprisionando-o nos templos. Para Heschel, foi assim também nos tempos bíblicos. O imediato compromisso do *mensch* hescheliano é, desse modo, comunicar o espírito dos profetas hebreus.

O Profeta
("homo sympathetikos")

> O profeta é um homem que sente furiosamente. Deus acendeu uma chama em sua alma, e ele está curvado e aturdido diante da barbárie. Assustadora é a agonia do homem, nenhuma voz humana pode canalizar todo este terror. A profecia é a voz que Deus emprestou à agonia profanada do mundo. É um modo de vida, uma encruzilhada entre Deus e o homem. Deus se manifesta nas palavras dos profetas.
>
> Abraham Joshua Heschel[1]

Os profetas bíblicos foram escolhidos por Heschel como modelos de sensibilidade religiosa. Ao longo de sua obra, a referência aos profetas é recorrente. Sua tese de doutorado, *Die Prophetie*, de 1933, tinha como tema o estudo da consciência do profeta da experiência de seu encontro com Deus. Heschel conduz esse estudo a partir de um ponto de vista fenomenológico. Esse mesmo tema é retomado pelo filósofo em seus escritos maduros já nos Estados Unidos, na década de 1950, tanto em livros como em ensaios menores e mesmo em sua atuação em movimentos sociais e políticos. Dentre eles o mais importante é *Deus em busca do homem*, de 1955, que ocupa

---

1. HESCHEL, ABRAHAM J., *The prophets*. New York: Harper and Row Publishers, 1998 (1962), v. 1 e 2, 5-6.

lugar central no conjunto das obras maduras de Heschel, em que são discutidos pelo filósofo os conceitos de Deus, Bíblia e revelação no judaísmo. Poderiam ser destacados também ensaios menores, como *Prophetic inspiration after the prophets* ["Inspiração profética depois dos profetas"], publicado postumamente em 1994. Neste ensaio, Heschel trata da continuidade das experiências de tipo profético no judaísmo medieval e na mística judaica posterior até o hassidismo. A culminância dessa temática na obra hescheliana ocorre, no entanto, em 1960, quando ele mesmo traduz para o inglês e amplia sua tese de doutorado, originalmente em alemão, que é publicada em dois volumes, sob o título de *The prophets*. A publicação dessa obra ocorre em meio a sua participação nos movimentos sociais que deram o tom de seus últimos anos de vida. A abordagem continuada deste tema fez com que Heschel ficasse considerado nos meios intelectuais norte-americanos e europeus como uma autoridade acadêmica nos estudos sobre os profetas hebreus.

Nos anos 1960, usando a imagem dos profetas como inspiração, Heschel organiza e participa de vários movimentos sociais e políticos de crítica e reivindicação social, como os movimentos em prol de direitos civis nos Estados Unidos e o movimento contra a Guerra do Vietnã. Em todos esses momentos, e também em sua crítica lançada contra o processo de reificação geral, a figura dos profetas hebreus aparece como um exemplo de profundidade humana. Heschel usou o exemplo dos profetas hebreus para construir seu discurso de crítica aos valores da atual civilização. Os escritos dos profetas hebreus foram continuamente apresentados por Heschel como modelo para uma alternativa à pobreza espiritual do homem da civilização moderna.

Antes de continuarmos, cabe aqui uma ressalva. No presente estudo sobre a obra hescheliana, a figura do profeta hebreu, tão presente no pensamento de Heschel, será apresentada em sua dimensão humana. Ao falar do profeta bíblico, será inevitável tangenciar a teologia hescheliana, muito vasta e muito interessante, centrada na consciência da experiência religiosa em vez de em questões ontológicas. Entretanto, a teologia hescheliana não é o tema do presente estudo, que busca traçar o desenvolvimento do humanismo em Heschel. Neste capítulo, e em outros, os temas teológicos só serão apresentados à medida que tocam o humano, este, sim, o tema central deste estudo. A obra de uma pessoa nunca é estanque, e, em Heschel como já vimos, a poesia toca a filosofia, a religiosidade toca a preocupação social, a tradição judaica relaciona-se com a modernidade e a teologia toca o humanismo. Neste último caso, seria possível dizer a princípio que, para o pensamento hescheliano, é no "teotropismo" que o humano se realiza.

Mas quem foram esses homens que Heschel continuamente ao longo de sua vida intelectual comparou aos filósofos gregos? Enquanto os filósofos gregos são considerados nas universidades como os pais intelectuais da civilização ocidental, os profetas bíblicos são geralmente considerados como homens rudes, portadores de uma mensagem que só pode interessar aos estudiosos de religião ou aos muito simples. Os filósofos gregos são vistos como os pais de um pensamento sofisticado, e os profetas, como escreveu Espinosa, nem mesmo poderiam ser vistos como verdadeiros sábios. Para o homem ocidental, a imagem do profeta tem sido há muito tempo desvalorizada. No Ocidente, o profeta é aquele que prediz o futuro, a profecia sendo, assim, um discurso sobre aquilo que ainda não aconteceu. Muito diferente, no entanto, é a noção semítica originária de profeta, que realmente é apresentada no texto bíblico.

A palavra hebraica *navi*, que é geralmente traduzida por "profeta", tem na verdade um sentido muito diferente do prognosticador que o termo português[2] nos sugere hoje em dia. Com esclarece Chouraqui, em seu estudo sobre os homens da Bíblia, "*navi* é a forma

---

2. Na verdade, presente em todas as línguas ocidentais, principalmente naquelas que tiveram uma influência direta ou indireta do latim.

passiva do verbo que significa *estar inspirado*"³ e pode ser aproximado de raízes árabes vizinhas, que significam "despertar do sono", "dar a conhecer", "anunciar uma novidade". Todos esses sentidos vêm do acadiano *nabu*, que significa também "gritar", "chamar" e "ser chamado". Segundo Chouraqui, essas traduções seriam mais exatas do que a noção que nos vem à mente quando pensamos em um profeta como um vidente ou um Nostradamus predizendo os acontecimentos futuros. O *navi* bíblico do Israel antigo é, antes de mais nada, o porta-voz de uma mensagem divina. Esse termo pode inclusive ser usado para designar o porta-voz de uma pessoa, como, por exemplo em Êxodo 4,14-16, em que Moisés é instruído por Deus de que seu irmão Aarão seria o seu porta-voz diante do faraó, uma vez que ele, Moisés, não tinha o dom de falar em público.

O *navi* é o portador de uma mensagem divina que precisa ser transmitida aos homens. Segundo as práticas das religiões do Oriente Médio antigo, os deuses comunicavam-se com os homens por meio de seus mensageiros e de seus oráculos. A própria narrativa bíblica descreve a existência de "profetas" de Baal (1 Reis 18,19-40) ou de outros deuses. Nessa época, mesmo entre outros povos, como por exemplo entre os gregos, a comunicação divina através de oráculos, sonhos e inspirações era bem conhecida e praticada. O texto bíblico aparentemente não apresenta o profetismo como prática exclusiva dos hebreus antigos. Como a própria raiz acadiana sugere, o *navi* era uma figura reconhecida na civilização semítica da Antiguidade.

Outros termos hebraicos nas Escrituras também usados para designar os profetas são: *roê*, "aquele que vê" ou "o vidente", e *hozê*, "aquele que contempla". Ampliando o sentido mencionado acima, esses termos parecem dar uma ideia dos primeiros profetas como sendo videntes não muito diferentes dos adivinhos existentes nos

---

3. CHOURAQUI, ANDRÉ, *Os homens da Bíblia*, São Paulo, Schwartz, 1990, 237.

cultos pagãos, a não ser pelo fato de os videntes hebreus falarem em nome de YHWH[4], o Deus de Israel. Há também quem possa enxergar nos primeiros profetas algum resquício das tradições xamânicas mais primitivas, uma vez que, além da comunicação com Deus e seus anjos, aos profetas também eram atribuídos poderes e saberes de cura, de bênçãos e de maldições, bem como a capacidade de fazer milagres. A Bíblia narra (1 Samuel 9,8-9), por exemplo, como Saul, antes de tornar-se rei de Israel, vai buscar ajuda do "vidente" Samuel para encontrar um animal que tinha perdido.

O primeiro homem que é descrito na Bíblia como sendo um *navi* é o próprio patriarca Abraão, tido como o fundador da religião judaica. Interessante notar que, na mesma passagem (Gênesis 20,7) em que o rei dos filisteus pede a Abraão que interceda junto a Deus a fim de que ele cure sua esposa, que não conseguia dar à luz, o patriarca é chamando de *navi*. Nessa passagem também aparece pela primeira vez o verbo *lehitpalel*, isto é "rezar". A comunicação com Deus aparece no texto como algo tão comum como o ato de orar. Orar é voltar-se para Deus; a *nevuá*, "a profecia", por outro lado implica sentir-se alvo de uma revelação divina. Abraão é descrito com as características de chefe tribal e de um xamã. O pai da nova fé monoteísta inicia sua jornada depois que Deus se dirige a ele e lhe ordena que vá para a terra de Canaã. São descritas no texto bíblico outras visitas de Deus por meio de anjos ou sonhos. A mesma relação com a divindade é narrada nas histórias dos outros patriarcas, de José, e mais tarde, de Moisés. Contudo, diferente das outras divindades semitas, YHWH é descrito constantemente como um Deus muito preocupado com questões éticas e morais, muito preocupado com as atitudes dos homens. A

---

4. O Tetragrama é formado por quatro letras hebraicas: *yud*, *he*, *vav* e *he*; segundo a tradição judaica, sua pronúncia é um mistério desde a destruição do Segundo Templo de Jerusalém, em 70 e.c., pelos romanos. As tentativas de vocalizá-lo não são abonadas pela tradição judaica.

justiça e a piedade são as marcas tanto de Deus como daqueles escolhidos para falarem em seu nome, os profetas.

Se o profetismo primitivo hebraico se parece muito com o existente em outras culturas semitas da Antiguidade, algo inusitado vai acontecer com o passar do tempo. Entre os séculos VIII e VI antes da era comum, já no período da monarquia, o profetismo bíblico toma uma inflexão de profundidade extraordinária. Nessa época, aparece um novo tipo de profeta, muito diferente de seus pares mais antigos. Esse novo movimento profético, conhecido como *bene neviim* ("os filhos dos profetas"), é por um lado mais literário, produzindo algumas das mais importantes peças da literatura hebraica e universal de todos os tempos. O novo tipo de profeta vindo tanto das elites como do povo é sempre um crítico mordaz da sociedade de seu tempo. Profetas como Amós, Oseias, Miqueias, Isaías, Jeremias e Ezequiel são descritos como opositores e que condenam com suas palavras os reis, os sacerdotes, as camadas ricas e as práticas injustas perpetuadas à sua volta.

São também os profetas que se dirigem não somente aos israelitas, mas também às outras nações e impérios de seu tempo: o raio de sua atenção vai muito além dos limites territoriais e culturais de Israel. Sua principal contribuição e inovação foi a associação da religião com a moralidade e a ética sob o impacto de um monoteísmo de caráter universalista. YHWH, o Deus de Israel, aparece nos textos proféticos preocupado com a vida e interessado na história dos homens de todos os povos. A mensagem dos profetas vindos de um pequeno povo do crescente fértil dirige-se aos homens de todos os lugares. A esperança messiânica que eles anunciam promete uma redenção que não é só para Israel, mas para toda a humanidade.

O estudo de Heschel sobre os profetas é principalmente voltado para esses últimos membros do movimento profético, que são comparados por ele aos filósofos gregos, tanto pela profundidade de seu pensamento, como por seu impacto na cultura e na civilização ocidental, através do cristianismo, que reuniu a herança bíblica ao pensamento grego. Todo o primeiro capítulo de *The prophets*, denominado *What manner of man is the prophet?*, é dedicado à questão das características que distinguiam esses homens bíblicos, os profetas dos filósofos gregos. A primeira característica e a mais básica destacada por Heschel diz respeito à sua sensibilidade ao mal. Sobre isso escreve Heschel:

> Um estudante de filosofia que se volta do discurso dos grandes metafísicos para as orações dos profetas poderia sentir-se tirado de um reino sublime para uma área de trivialidades. Em vez de relacionar-se com assuntos atemporais, do ser e do vir a ser, da matéria e da forma, das definições e demonstrações, ele é jogado em orações sobre viúvas e órfãos, sobre a corrupção dos juízes e os negócios do mercado. Em vez de nos mostrar elegantes mansões da mente, os profetas nos levam aos cortiços[5].

Segundo Heschel, o filósofo metafísico grego fala em nome dele mesmo e comenta o grandioso e o eterno. O profeta, que fala em nome do Deus universal, dirige-se, por outro lado, ao trivial, ao histórico e ao humano. Mas nessa orientação ao trivial o profeta demonstra uma sensibilidade para com a injustiça que é rara hoje em dia. Tal sensibilidade também foi incomum em épocas passadas. Heschel quer enfatizar principalmente a diferença, do ponto de vista e de sensibilidade ética, entre o homem moderno, que se considera herdeiro do pensamento grego, e o profeta, desvalorizado na modernidade: "Para nós, um simples ato de injustiça – trapaça nos negócios, exploração do pobre – é desprezível e sem importância; para os profetas isso é um desastre"[6]. O discurso dos profetas é descrito

---

5. HESCHEL, ABRAHAM J., *The prophets*, New York, Harper & Row Publishers, 1969, v. 1, 3.
6. Op. cit., 4.

por Heschel como a irrupção de violentas emoções. Isso porque o profeta "é um homem que sente de modo feroz". Não há apenas uma diferença de perspectiva entre o homem moderno e o profeta bíblico, há também uma diferença de sensibilidade para com a injustiça praticada contra os fracos e os humildes.

Essa diferença marca uma oposição entre a visão greco-romana e a visão bíblica da divindade. Segundo Cícero, o pensador romano citado por Heschel, "os deuses estão atentos apenas aos grandes assuntos; eles negligenciam os pequenos"[7]. Em contrapartida, para o profeta, Deus dá grande importância aos pequenos dramas da vida humana. De acordo com Heschel, Deus revela-se através das palavras do profeta preocupado com as questões históricas e com os destinos da sociedade humana: "Sua mente está ocupada com o homem, com atitudes concretas na história, em vez de se ocupar com ideias e pensamentos abstratos"[8]. Heschel, desse modo, quer ressaltar que é a vida humana temporal o foco de atenção relevante para o profeta e para o Deus bíblico. Os filósofos, ao contrário, apresentam em seu pensamento, segundo Heschel, uma forte misantropia. Platão é descrito como tendo um baixo conceito acerca da espécie humana. O deus aristotélico é um ser por demais superior para estar interessado nos assuntos dos seres finitos. Os deuses, segundo Aristóteles, não estariam preocupados com a dispersão do bem ou do mal.

O profeta, segundo a visão hescheliana, apresenta um pensamento pouco interessado nas questões metafísicas. Justamente essas são as questões que mais interessaram aos gregos. Ao contrário, o pensamento do profeta continua inusitado no Ocidente justamente por seu interesse no homem. Se há uma metafísica no pensamento do profeta, ela se volta principalmente para o sentido das ações

---

[7]. Op. cit., 5.
[8]. Ibid.

humanas e para a importância do viver dos homens. Deus, o transcendente, se manifesta através das palavras do profeta queimando a sua alma de compaixão pelos seres humanos. Justamente é nela que Heschel vê a nervura da mensagem profética. Ao contrário do pensamento grego, racional e distanciado, a mensagem dos profetas parte da experiência emocional para construir um discurso em que as situações históricas concretas ocupam lugar de destaque.

Essa mensagem emocionada do profeta usa de uma "linguagem imaginativa, concreta na dicção, de movimento rítmico, artística na forma, marcando desse modo seu estilo poético"[9]. Através dessa poética da piedade, o estilo do discurso profético revela não a essência metafísica de Deus, mas antes e sobretudo o interesse "emocional" divino para com a situação humana. A forma do discurso profético é emocional, seu tema é a vida concreta de todo o povo. Essa vida das pessoas é ela mesma coalhada de contradições. E essas contradições vão também se refletir na preocupação divina, que por um lado afirma a importância do homem para Deus e que por outro condena e repreende a injustiça, a idolatria e a mesquinhez da sociedade humana. Essa contradição vai expressar-se na linguagem profética "luminosa e explosiva, pessoal e contida, dura e compassiva, uma fusão de contradições"[10]. O discurso profético de condenação e consolo é, assim, um reflexo de uma contradição que existe no ser humano.

O interessante, aponta Heschel, é que essa linguagem contraditória, emocional e poética é carregada de uma noção da grande dignidade do ser humano. Nesse sentido, não há contradição no discurso profético. Essa dignidade torna-se, nas palavras do profeta, uma espada cortante (da situação) da sociedade que o envolve. Especialmente o sentimento ético do homem moderno é apresentado

---

9. Op. cit., 6.
10. Op. cit., 7.

por Heschel como sendo diametralmente oposto ao expresso pelo profeta: "Nossos padrões são modestos; nosso senso de injustiça tolerante, tímido; nossa indignação moral intermitente; e, no entanto, a violência humana é interminável, intolerável, permanente"[11]. Contrastando a timidez moral do homem moderno, o profeta não faz concessões à fraqueza moral humana. Nesse sentido, o profeta apresenta uma sensibilidade ética que é sobre-humana.

Em muitas filosofias orientais, o mundo é encarado como ilusório e irreal. Heschel frisa que, para o pensamento bíblico, o mundo físico é real, pois ele é a criação de Deus. Para o profeta, as situações humanas são elas mesmas reais, e é, portanto, natural que Deus se preocupe com a realidade histórica dos homens. O profeta, porém, fala do mundo, principalmente do mundo dos homens, em um tom exaltado, colorindo de forma viva as situações humanas. Esse tom uma oitava acima é, segundo Heschel, uma característica do discurso profético. Nele já é possível perceber a consciência que o profeta tem da epifania do divino. Para Heschel, o sentimento expresso pelo profeta caracteriza um assalto à mente e uma consciência que vai além da consciência humana comum. O profeta hescheliano é o sujeito de uma experiência religiosa muito profunda. Em seu encontro com Deus, o profeta está diante do inefável. É, portanto, o "sentimento" divino que o profeta pensa expressar.

O profeta hescheliano é aquele que se descobre objeto da *visitação* divina. Através dessa visitação, Deus revela sua busca e seu interesse pelo homem. Nessa profunda experiência religiosa, direta e pessoal, a experiência do Deus vivo torna o profeta um iconoclasta. Mesmo os símbolos da divindade são mortos, somente a presença viva de Deus é digna do fervor religioso. O rito não tem nenhum valor, se feito sem o coração. O meramente estético é desprezado. A

---

11. Op. cit., 9.

verdadeira adoração, que segundo o profeta é buscada por Deus, não é a formalidade do ritual, mas a santidade dos atos: "A adoração precedida e seguida por atos maléficos torna-se um absurdo"[12]. Mesmo o Templo em Jerusalém pode se tornar um local odioso e vazio de sentido se a sociedade que o rodeia baseia-se na injustiça. Por outro lado, reis da Assíria ou da Babilônia, os inimigos do povo podem ser chamados pelos profetas de instrumentos de Deus na história. O profeta descrito assim é, portanto, diferente do vidente oficial que busca legitimar o *status quo*. Em muitos casos, os reis e os poderosos eram os principais alvos da fúria do discurso profético.

Heschel nos apresenta, desse modo, o profeta como um solitário, para quem a missão profética é antes fonte de problemas do que de honrarias. Distanciado dos seus contemporâneos em virtude de sua mensagem de denúncia da corrupção moral, o profeta encontra-se só com Deus, em sua preocupação com a situação dos homens. O profeta está só, a vida para ele não é fútil: "As pessoas podem ficar surdas às palavras do profeta, mas não podem ficar insensíveis à sua existência"[13]. Talvez nisso esteja a razão de a maioria dos profetas terem recusado sua vocação de início e procurado fugir dela: "Nenhum dos profetas pareceu enamorado de ser um profeta ou orgulhoso de sua tarefa"[14]. Mas, em meio a essa dificuldade, o profeta está tomado pela sensação de estar diante da presença divina, e isso faz com que ele transcenda os limites de sua comunidade e de seu reino para se dirigir às nações e aos impérios.

A presença divina, da qual o profeta é uma testemunha, deve ser para sua consciência uma presença viva. É no testemunho dessa presença viva que se funda a mensagem do profeta. Porque ninguém pode ser um profeta, no sentido bíblico, sem Deus. O encontro com

---

12. Op. cit., 11.
13. HESCHEL, *The Prophets*, v. 1, 18.
14. Op. cit., 17.

Deus inspira o profeta, que somente dessa forma pode ser conduzido a transmitir a sua mensagem. Mas, ressalta Heschel, o profeta não é apenas um mensageiro: "Ele é uma pessoa que está de pé na presença de Deus"[15]. Com isso Heschel quer ressaltar que a experiência profética, diferentemente da experiência religiosa direta, não envolve uma união mística. O profeta permanece consciente de si em todas as narrativas. Ele até mesmo dialoga com Deus e emite opiniões. Essa pessoa, porém, foi radicalmente transformada, tornada outro homem. As palavras do profeta são, na linguagem hescheliana, um testemunho. Portanto, o profeta não é alguém que fala em um estado de possessão e êxtase. Sua mensagem é transmitida após a experiência da revelação, não durante esta. A mensagem constitui um testemunho da revelação divina, mas ela não é a própria revelação: "Essa é a maravilha da tarefa do profeta: em suas palavras, o Deus invisível se torna audível"[16]. Não há provas ou argumentos da experiência que ele viveu: "Não há provas da existência do Deus de Abraão. Existem apenas testemunhas"[17].

O testemunho profético é, de acordo como o pensamento hescheliano, uma resposta a Deus. Portanto, a profecia é para o próprio profeta algo divino e humano ao mesmo tempo. Deus revela ao profeta seu compromisso e sua preocupação para com os homens. O profeta, então, é movido a dar testemunho da emoção divina, do *páthos* de Deus. O encontro entre humano e divino é o compartilhar esse *páthos*. A profecia é uma forma de "simpatia com o *páthos* divino, uma comunhão com a consciência divina". O profeta, em sua experiência de revelação, sente o mundo, em especial o mundo humano, de um ponto de vista transcendente: "Profecia é a resposta a uma sensibilidade transcendente. Não é como o amor, uma atração ao ser divino, é antes uma assimilação da vida emocional do profeta

---

15. Op. cit., 21.
16. Op. cit., 22.
17. Ibid.

pelo divino, uma assimilação de função, não de ser"[18]. É por isso que Heschel nega que a essência divina seja revelada na profecia. O ser divino e o ser do profeta não se fundem. Deus não revela sua essência ao profeta. Mas uma interface de sentido transcendente lhe é comunicada através do *páthos* divino ante a situação humana e histórica que envolve o homem visitado. Ele passa a ver a história humana do ponto de vista de sua revelação. Sua mensagem é inspirada por esse encontro. Como nos poemas heschelianos, os nervos do profeta são para sempre entrelaçados aos de Deus.

"O *páthos* divino é chave da profecia inspirada. Deus está envolvido na vida do homem." A mensagem básica do profeta não é apenas a condenação. Heschel sublinha também que o profeta não quer transmitir uma ideia eterna, nem julgar seu povo por normas atemporais. A profecia aponta para a grande importância que tem o homem, a ponto de ser buscado por Deus. Através de formas emocionais como o amor, o desapontamento, a fúria, a indignação e a graça, o profeta aponta para a possibilidade de uma relação pessoal com o infinito, que o homem é convidado a travar. Deus busca o homem para revelar a importância deste, não verdades metafísicas. A importância do homem, segundo Heschel, está em ele ser, de acordo com a profecia, objeto da preocupação (*concern*) divina. A profecia dessa forma é também um consolo e um convite ao homem para que realize sua redenção, como parceiro de Deus.

■ O "páthos" divino

A teoria do *páthos* divino é uma das ideias centrais no pensamento hescheliano. Apesar de suas implicações com relação à teologia profética, a ideia do *páthos* divino também tem desdobramentos no que

---

[18]. HESCHEL, *The Prophets*, v. 1, 5-6.

tange ao conceito de "humano" no pensamento hescheliano. A ideia de que o ser humano não apenas pode abrir-se para o infinito e para o inefável, mas também de que ele é buscado pelo transcendente, sugere no pensamento de Heschel a argumentação de que o ser humano é potencialmente capaz de responder a essa procura. Relacionando-se com o transcendente o homem pode encontrar a redenção através de sua própria história. O ser humano tem, desse modo, a possibilidade de transmudar sua história de "recordação da miséria humana" santificando-se de sua humanidade através da busca de sua redenção.

Geralmente os estudiosos de Heschel encaram a teoria do *páthos* apenas pelo ponto de vista de suas implicações teológicas. A "teologia" do *páthos* é, contudo, uma teologia muito diferente. Essa teologia emocional, como já foi dito acima, busca descrever a interface ativa em que o divino toca o humano histórico. Conforme o próprio Heschel afirma, na segunda parte de *The prophets*, "os profetas não tinham nenhuma ideia de Deus. O que eles possuíam era um *entendimento*"[19]. É o próprio Heschel quem grifa a palavra "entendimento" (*understanding*), sugerindo uma experiência não objetivada nessa relação entre o profeta e Deus. Os profetas não teriam nada que se comparasse a uma teoria, ou a uma teologia, de Deus; mas antes uma vivência ativa e pessoal do encontro com o divino. A teoria do *páthos* fundamenta, no conjunto do pensamento hescheliano, a proposta de teologia profunda. Esta, no pensamento hescheliano, significa o estudo da experiência da fé, como sensação da presença divina. Em sua obra madura, Heschel distingue a noção de teologia profunda da teologia metafísica, baseada no pensamento grego. Essa teologia dominou o pensamento ocidental, reduzindo a concepção de Deus à ontologia. Heschel, que durante sua passagem pela universidade alemã recebeu grande influência da fenomenologia, concorda

---

19. Op. cit., v. 2, 1.

implicitamente que toda ontologia é metafísica. Ela é uma redução de tudo ao campo do ser.

Segundo Heschel, o pensamento do homem bíblico, conforme é possível entender do estudo das Escrituras, se baseia em noções concretas (e não em noções abstratas), ao contrário do pensamento grego. A Bíblia pouco se detém na formulação e na exposição de ideias sobre Deus. Heschel afirma que certamente há alguns tijolos conceituais que formam uma noção muito geral de Deus para o homem bíblico, tais como as de divindade, justiça, sabedoria e unidade. Contudo, com muito mais frequência, o texto bíblico se refere a Deus com uma linguagem que privilegia sua ação e o seu *páthos* em relação aos homens e ao mundo. Deus raramente aparece no texto bíblico revelando ideias sobre o que é a sua divindade. E pouquíssimas vezes o homem bíblico aparece tecendo especulações racionais abstratas sobre Deus. Daí a afirmação hescheliana de que, para o homem bíblico, não existe um conhecimento de Deus, em um sentido racional. Deus não pode ser visto, o que significa que ele não pode ser conhecido pelos homens. Não há para os hebreus antigos a noção de ontologia do divino.

Em vez de um conhecimento racional de Deus, o homem bíblico percebe a presença da divindade através de sua "manifestação" no mundo e na história humana. Essa percepção intuitiva do divino não constitui um conhecimento objetivo de Deus, é antes um entendimento pessoal em que o emocional e o racional não se separam. A divindade se revela na relação pessoal porque ela se apresenta aos olhos do homem bíblico através de suas ações de uma forma transitiva. Isto é, sempre em um encontro interpessoal. Chouraqui, que também percebeu essa relação entre o homem bíblico e a divindade, descreve YHWH como um Deus "biológico"[20]. Heschel, diferentemente de Chouraqui, seguindo enraizado na mística hassídica, usa

---

20. Chouraqui, *Os homens da Bíblia*, 207.

uma metáfora erótica para descrever a relação entre homem bíblico e Deus. Para Heschel, Deus se revela de modo pessoal ao homem bíblico porque a percepção de uma pessoa nunca pode ser separada de suas expressões. No caso do amante suas expressões têm para o amado um sentido imediato. Essas expressões (de amor) nunca são sentidas separadamente da pessoa amada; a pessoa amada é sentida através dessas expressões pessoais. A ideia do *páthos* divino significa que Deus é sentido através de suas atitudes, porém nunca apenas como objeto do conhecimento.

Merkle, em seu estudo do pensamento hescheliano, afirma que a ideia de *páthos* divino significa em primeiro lugar que Deus pode ser afetado pelas atitudes e situações dos seres humanos. Em segundo lugar, como os seres humanos são seres históricos, o envolvimento de Deus com suas criaturas deve necessariamente ser também histórico. O amor de Deus pelos seres humanos é eterno, mas as expressões desse cuidado são históricas[21], pois, de outro modo, nada significaria o envolvimento divino com seres históricos. Como para Heschel a história é a recordação da miséria humana, o envolvimento divino com os homens revela-se ao ser humano através do envolvimento com o seu sofrimento.

Para Heschel, a essência da vida é interesse transitivo[22] (*concern*). A mesma visão tem o teólogo brasileiro Leonardo Boff, que fala em seus escritos do "cuidado"[23] como base da vida e da vida ética e religiosa. Para Heschel, há diferentes tipos de cuidado, basicamente dois: a concernência intransitiva, voltada para si ou para os objetos; e a concernência transitiva, voltada para os outros. O *páthos* divino é expressão de um cuidado transitivo, e é desse modo uma forma de paixão. O

---

21. MERKLE, *The genesis of faith*, 130.
22. Op. cit., 131.
23. BOFF, LEONARDO, *Saber cuidar. Ética do humano, compaixão pela terra*, Petrópolis, Vozes, 1999.

Deus bíblico expressa, porém, uma paixão diferente das paixões dos deuses das mitologias pagãs, sempre egoístas e voltadas para si. O *páthos* divino é sempre voltado na direção do ser humano. Esse *páthos* divino é, portanto, uma resposta emocional, mas não de um emocional meramente irracional: "Atos passionais podem ser destituídos de razão, mas eles não necessitam ser assim"[24]. E mais: "A emoção pode ser razoável, assim como a razão pode ser emocional". A constante preocupação emocional com a justiça e a compaixão significa que o *páthos* divino é ético. A justiça divina não é, portanto, uma justiça fria, mas, antes, é uma justiça permeada de compaixão. O profeta censura e consola, suas palavras chamam pelo arrependimento. De acordo com a tradição bíblica, os extremos de injustiça e justiça fria são igualmente condenados. Afirma a tradição judaica rabínica que, se Deus julgasse o mundo somente pela justiça, este não subsistiria.

A filosofia grega foi uma resposta às condições culturais da Grécia antiga, e, portanto, o Deus da filosofia é uma resposta aos deuses da mitologia. O uso da filosofia grega para pensar o Deus bíblico gerou as teologias metafísicas clássicas cristã e judaica. Heschel, em sua obra, diverge tanto de Maimônides como de Tomás de Aquino. A doutrina judaica no Talmud e no Zohar não reconhece a ideia de impassibilidade divina defendida pelos teólogos medievais. Os pressupostos da metafísica grega clássica se opõem à ideia de que possa haver um *páthos* divino. Tal noção, por implicar movimento, não encontra lugar em um pensamento que postula um Deus estático: "A ideia de uma divindade estática é proveniente de dois feixes de pensamento: a noção ontológica de estabilidade e a visão psicológica de que as emoções são distúrbios da alma"[25]. Heschel afirma que esses preceitos eram desconhecidos pelo pensamento hebraico.

---

24. MERKLE, *The genesis of faith*, 131.
25. Op. cit., 131. Também, HESCHEL, *The prophets*, v. 1, 29-32.

Conforme afirma Merkle, "Heschel aponta para a formidável influência de Parmênides na teologia filosófica posterior"[26]. A filosofia grega oscilou entre dois polos: Parmênides, que afirmava a imutabilidade do ser, e Heráclito, que afirmava que tudo é movimento, tudo é *vir a ser*. Esses polos de imutabilidade e mudança foram superados pela filosofia clássica restringindo a mudança ao mundo dos fenômenos e afirmando que a essência é basicamente imutável. A teologia metafísica clássica aplica a Deus a noção de que a mudança implica corrupção. Deus é, portanto, pensado como imutável, uma vez que a mudança é encarada como fuga da essência. Deus, na concepção aristotélica defendida pela teologia medieval judaica e cristã, é pensado como sendo um ser imutável. Na cosmologia medieval, esse pensamento levou à noção de que quanto mais próximos de Deus, mais incorruptíveis e imutáveis seriam os seres. Para essa concepção de divindade, a noção bíblica de *páthos* divino não tem lugar, pois o *páthos* implica movimento e mudança em Deus.

Segundo Heschel, a ontologia bíblica não separa "ser" de "movimento", porque concretamente o ser real sempre se apresenta em movimento. A fonte dos seres deve ser também movimento: "Há aqui uma categoria básica de ação em vez de imobilidade"[27]. De acordo com Merkle, o fato de Heschel advogar pela possibilidade de movimento em Deus coloca-o à parte da teologia clássica. Embora Heschel não afirme que a essência de Deus seja movimento, a ideia de *páthos* implica a ação divina em sua relação com os seres humanos. Mais ainda, que Deus responde e é afetado pelas ações dos homens. Para a filosofia aristotélica clássica, Deus é o "Motor Imóvel". Segundo o pensamento hescheliano, porém, o Deus de Israel é o "Mais Móvel dos Móveis". Deus não é história, mas "há história em Deus".

---

26. MERKLE, *The genesis of faith*, 132.
27. HESCHEL, *The prophets*, v. 2, 42.

Sua relação com os homens não é sempre a mesma, mas se expressa na história humana segundo os profetas de modos diferentes como concernência transitiva através da justiça e do cuidado.

O *páthos*, no entanto, não é um atributo divino, não é parte de sua essência:

> No entanto, não devemos pensar que alcançamos a essência divina. A atenção transcendente meramente define os limites do entendimento profético acerca de Deus. Deus mesmo é um problema para os metafísicos. O tema e o clamor da teologia profética é a preocupação de Deus pelo homem e a relevância do homem para Deus. Somente um aspecto de seu ser, seu direcionamento ao homem, é conhecido pelo homem[28].

Como podemos notar nessa glosa, para Heschel o *páthos* divino implica a relação do ser humano finito com o infinito transcendente. Para o profeta, Deus não era objeto da imaginação: "Ele não poderia ser capturado em um mito ou compreendido em um conceito ou em um símbolo [...]. O profeta experiencia o que Deus pronuncia, não o que ele é"[29]. Segundo Heschel, o tema da profecia não seria, assim, o "mistério da essência divina, mas o mistério de sua relação com o homem". Para o profeta, a vida no além não é relevante, pois os rumos da história humana é que são objeto de seu interesse. A ação divina de se voltar para o homem, que Heschel denomina de "momento antropológico", é o objeto da experiência profética. Por isso a experiência profética é única dentre as várias possibilidades de experiência religiosa direta. A revelação divina não é a revelação metafísica da essência de Deus, mas é vivida pelo profeta como revelação de sua vontade.

Como foi dito acima, a noção grega de que as emoções são distúrbios da alma e de que o ser perfeito não pode ser movido pela sua

---

[28]. Op. cit., 115.
[29]. Op. cit., 123.

criação opõe-se à ideia de um *páthos* divino. Assim como na filosofia grega clássica a mudança é tida como sinal de imperfeição, a emoção também é da mesma forma considerada um sinal de fraqueza na divindade. Logo, para a teologia metafísica, Deus pode até "pensar", mas o seu pensamento só pensa a si mesmo. Deus só pode ser consciente de si, e seu interesse é sempre intransitivo. Tudo isso se liga à noção da autossuficiência divina. O império da razão na filosofia ocidental guarda grande relação com esse conceito filosófico de origem grega.

Essa psicologia metafísica, que despreza a emoção e a dissocia da razão, era desconhecida do mais antigo pensamento judaico. Para Heschel "nós pensamos porque somos movidos [...]. A emoção pode ser definida como a consciência de estar sendo movido"[30]. No pensamento hescheliano, a razão e a emoção não se separam necessariamente, assim como o pensamento não precisa estar separado da ação. De fato, na mística judaica o pensamento, a ação, a razão e a emoção são unos em Deus. O ascetismo não era o ideal do homem bíblico. Como, aliás, poderíamos acrescentar, nunca foi o ideal do judaísmo rabínico. O mal para o homem bíblico, segundo Heschel, não se encontra na emotividade, mas na dureza do coração. Enquanto o ideal estoico era a apatia[31], a mensagem do profeta enfatiza e valoriza a simpatia. Deus revela-se na experiência profética através do *páthos* porque, para o homem bíblico, ninguém é plenamente humano sem viver a experiência da preocupação pelo outro: "A grandeza de Deus implica a capacidade de experimentar uma emoção carregada de uma ética transcendente. Do ponto de vista bíblico, movimentos de sentimento não são menos espirituais do que atos de pensamento"[32].

---

30. MERKLE, *The genesis of faith*, 134.
31. HESCHEL, *The prophets*, v. 2, 88.
32. Op. cit., 156.

- **"Páthos" e antropologia**

A ideia do *páthos* divino tem implicações de significado antropológico. Basicamente, Heschel destaca, o mais importante significado da ideia de *páthos* é a noção de que o homem é relevante para Deus. Para o profeta bíblico, Deus participa dos eventos da história humana, reagindo emocionalmente às ações humanas. A censura aos atos de injustiça ou às palavras de consolo que o profeta dirige aos homens "refletem uma alta estimativa (profética) em relação à natureza humana". É pela expectativa de que o homem possa aproximar-se da santidade que atos de justiça e piedade são esperados e requisitados deste.

Outra noção bíblica se conecta à de *páthos*: a de que o homem, corpo e alma, é a imagem de Deus. Se Deus volta-se e preocupa-se com o homem, é porque este lhe é muito importante. Principalmente porque o homem é capaz também de atos de arrependimento e de redenção, como Deus é capaz de atos de redenção. A isso Heschel denomina *analogia entis*, isto é, o homem é um reflexo do divino. Portanto, ressalta Heschel, não se trata de um antropomorfismo, mas sim de uma visão denominada "antropologia teomórfica". O homem bíblico não imagina que Deus tenha a forma humana. Deus não pode ser representado, nem imaginado, nem simbolizado. O homem, sim, é pensado como sendo um modelo do divino. Deus não tem qualidades humanas. O homem é que pode desenvolver qualidades divinas, como a justiça, a compaixão e a piedade.

A profecia é um evento religioso de caráter *antropotrópico*. Nela é Deus quem se volta para o homem, quem busca o homem, quem o convoca. A inspiração profética se dá na consciência do profeta como um ato em que Deus volta-se na direção do homem. Na direção do profeta como pessoa e na direção do povo, ou povos, a quem se dirige a mensagem do profeta. A profecia hebraica, como evento religioso antropotrópico, não é única. Heschel aponta que Muhamad e Zaratustra também afirmaram a mesma coisa. A iluminação de Buda, por outro lado, é um evento de caráter diferente, pois não é tida pelo budismo como um encontro com o divino.

Heschel fala também de outro tipo de evento religioso de caráter oposto ao antropotropismo: o *teotropismo*, que ocorre quando o homem volta-se para Deus. A oração, o ritual e a meditação são, no judaísmo, situações teotrópicas. Principalmente a *tefilá* ("a oração") é destacada por Heschel como um ato em que o homem volta-se completamente para uma comunicação com Deus. Na Bíblia, enquanto a profecia é um exemplo de evento de caráter antropotrópico, o cantar os Salmos e os ritos do Templo são exemplos de eventos teotrópicos. A figura bíblica que está em uma posição complementar à do profeta é o sacerdote: "O antropotropismo encontra sua suprema expressão na profecia; o teotropismo, nos Salmos"[33]. Enquanto literatura canônica, os Salmos são o complemento da profecia; ambos são diferentes tipos de testemunhos bíblicos do encontro humano-divino.

A ideia de *páthos* divino é certamente muito difícil de ser aceita pelo homem ocidental após tantos séculos de influência da teologia metafísica. Mesmo para o homem moderno, que baseou seu ateísmo na refutação do Deus da teologia metafísica, a ideia de *páthos* divino parece muito distante. Sobre isso Heschel comenta: "O maior motivo para a rejeição da ideia de *páthos* tem sido o medo do antropomorfismo, isto é, a doação a Deus de atributos humanos"[34]. Segundo Heschel, no entanto, não é possível atribuir noções antropomorfistas aos profetas. Uma leitura mais atenta dos profetas torna claro que eles faziam uma grande distinção entre as qualidades divinas e as humanas. Sobre isso, vejamos as seguintes palavras de Heschel:

> É uma enorme simplificação assumir que os profetas, que eram tão profundamente conscientes da grandiosidade e transcendência

---

[33]. Op. cit., 222.
[34]. Op. cit., 49.

do Criador dos céus e da terra, assim como da falibilidade e fragilidade da natureza humana, tivessem ousado investir Deus de qualidades humanas. Falando de Deus, o homem bíblico não pretende simplesmente descrever um fato, mas louvar, exaltar e celebrar. O mero ato de personificar Deus seria depreciá-lo[35].

A linguagem do *páthos* não pretende, como já foi dito acima, atribuir qualidades humanas ao Deus bíblico, pois o profeta está consciente da enorme distância e diferença entre o ser humano e Deus. O *páthos* não é um atributo divino, mas uma forma de relação do divino com o humano. A antropopatia, como forma da linguagem profética, procura combinar a semelhança e a alteridade. Segundo Heschel, outrossim, há uma grande diferença entre uma concepção antropomórfica e uma "expressão antropomórfica". O antropomorfismo na religião denota a vontade implícita de transformar o homem em deus. Mas a expressão antropomórfica é de outra ordem. É a metáfora que colore o discurso.

As expressões bíblicas para as emoções divinas são sempre "moralmente condicionadas". São figuras de linguagem que servem para expressar em termos humanos o sobre-humano. Heschel, porém, recusa a ideia de que a linguagem do *páthos* seja uma forma de "acomodar elevados conceitos em um mais baixo nível de entendimento humano"[36]. Virando pelo avesso essa ideia, ele conclui que a linguagem do *páthos* é uma forma de "acomodar as palavras em sentidos elevados"[37]. A própria noção original de metáfora. Aqui há certamente mais uma pista de como as palavras são importantes e plenas de sentido para o pensamento hescheliano.

A linguagem do *páthos* tem, portanto, um sentido de elevação dos horizontes humanos. Deus demonstra sua preocupação e seu

---

35. Ibid.
36. Op. cit., 51.
37. Ibid.

profundo senso de justiça para, com isso, convocar o homem a assumir o caminho de sua humanização tendo como meta os valores mais altos. Parafraseando o Êxodo, Heschel escreve que "em nenhum lugar na Bíblia o homem é caracterizado como compassivo, gracioso, lento em irar-se, abundante em amor e verdade, mantendo o amor até a milésima geração"[38]. A emoção divina, seu *páthos* pelo homem, é caracterizada em um grau excelso e muito além do geralmente demonstrado pelos homens em sua história. Utilizando-se de uma linguagem humana, emocional, cultural e histórica, o profeta busca descrever a realidade divina transcendente. Seu sentido é a exortação à busca de Deus: "A preocupação incondicional de Deus com a justiça não é um antropomorfismo. Ao contrário, a preocupação humana com a justiça é um *teomorfismo*"[39]. A antropologia divina é, para o pensamento hescheliano, um *modus vivendi*.

- **"Homo sympathetikos"**

Como já vimos, a simpatia é o modo pelo qual profeta responde ao *páthos* divino, pelo qual Deus manifesta-se ao profeta através do *páthos*. A resposta do profeta é por sua vez também de ordem emocional. Pois a simpatia estabelece uma relação de reciprocidade entre o homem e Deus durante a teofania divina. Heschel distingue nessa teofania dois momentos na consciência do profeta. Como aspecto objetivo, há a realidade transcendente, que o profeta experiencia como sendo o *páthos* ético diante da situação histórica vivida pelos homens de seu tempo. O aspecto subjetivo da experiência profética é a resposta do profeta como atitude pessoal.

Heschel usa aqui uma categoria oriunda da fenomenologia de Max Scheller. Segundo o pensamento schelleriano, a simpatia orienta

---

[38]. Ibid.
[39]. Op. cit., 51-52.

a pessoa para a essência do outro, criando, por assim dizer, uma interface de comunicação, de modo que aquele que a "experimenta se comunica com a própria vida do outro, com seus sentimentos, apreciações, preferências etc."[40]. A simpatia estabelece com o outro uma relação pessoal, pois este é encarado como realidade transcendente acessível através da afetividade. É por isso que Deus aparece ao profeta como pessoa, porque é no contexto do binômio *páthos*-simpatia que é vivida a profecia bíblica. A religião profética é, dessa forma, denominada por Heschel de "religião da simpatia". Heschel define o conceito de "simpatia" como

> um estado no qual a pessoa está aberta à presença de outra. É o movimento interior que percebe o sentimento para o qual ele reage – é a solidariedade emocional opositiva. Na simpatia profética, o homem está aberto para a presença e a emoção do Sujeito transcendente. Ele carrega sobre si a consciência do que está ocorrendo com Deus[41].

A simpatia se dá em uma estrutura dialética e dialógica, sempre se referindo à interação entre pessoas.

Heschel reconhece que outras formas de experiência religiosa conduzem a outros modos de encarar a "realidade divina":

> Quando o divino é sentido como uma misteriosa perfeição, a resposta (humana) é o medo e o temor; quando sentida como absoluta vontade, a resposta é a obediência incondicional; quando sentida como *páthos*, a resposta é a simpatia[42].

A simpatia, portanto, não é a única forma de experiência religiosa profunda de acordo com Heschel. A simpatia é, antes, uma

---

40. SILVEIRA DA COSTA, José, *Max Scheller. O personalismo ético*, São Paulo, Moderna, 1996, 56-57.
41. HESCHEL, *The prophets*, v. 2, 89.
42. Op. cit., 87.

forma de expressão religiosa que é baseada na concernência humana, no caso específico, da pessoa do profeta. A atitude do profeta é de uma profundidade responsiva. Essa concernência é engajada e envolvida de interesse por aquele a quem Deus ama e por quem Deus sofre e revela seu *páthos*: o ser humano.

A nervura do real revela-se ao profeta como "missão de proclamar o *páthos* ao povo". Heschel afirma que a religião da simpatia não é uma religião de sobriedade. Não é à reclusão e ao ascetismo que a teofania do *páthos* conduz o profeta. A religião do profeta está, desse modo, em contraste com a *epoché*[43]. Sempre que se utiliza dessa diferença, Heschel quer elucidar sua crítica à corrente principal da filosofia ocidental moderna, que segundo ele inspira-se no pensamento grego para formular seu racionalismo iluminista descomprometido.

O profeta é um homem sempre profundamente comprometido e engajado. Sua pessoa como um todo participa desse engajamento simpático no *páthos* divino. Do texto bíblico, podemos tirar muitos exemplos de como as palavras dos profetas são emocionalmente carregadas. E isso já era conhecido antes de Heschel. Ele chega a afirmar que, em muitos momentos, as palavras deles (dos profetas) parecem pronunciadas como que em um "estado de histeria". Aquilo que, porém, parece histérico à primeira leitura é a tentativa por parte do profeta de traduzir para a "fraca linguagem humana" a emoção divina. O profeta é denominado por Heschel de *homo sympathetikos*, em contraste com o ideal estoico de sobriedade e distanciamento que conduz o sábio à condição de *homo apathetikos*[44]. O sábio estoico se distancia dos eventos presenciados por ele tanto em sua vida como na vida de seus contemporâneos. A apatia conduz, dessa forma, à inatividade.

---

43. *Epoché* (do grego ἐποχή, "suspensão"): conceito filosófico que designa a abstenção do juízo sobre a realidade externa, especialmente no ceticismo pirrônico e na fenomenologia husserliana.
44. Op. cit., 88.

O profeta, por outro lado, vive em permanente tensão. A simpatia, que é sua resposta ao *páthos*, não é um fim em si mesma: "Não é o mero sentimento, mas a ação, que irá mitigar a miséria do mundo, a injustiça na sociedade e a alienação do povo com relação a Deus. Somente a ação aliviará a tensão entre o homem e Deus"[45]. O *páthos* e a simpatia são fenômenos na experiência religiosa que antecedem a tomada de atitude. A tensão, que pode ser vivida pelo profeta de várias formas, como "indignação, tranquilidade, veemência e humildade", torna-se canal para diferentes formas de ação. Deus busca o homem, mas a resposta humana não é apenas uma resposta interior, a resposta humana se exterioriza na ação.

Para Heschel, no entanto, a experiência da simpatia se distingue do êxtase religioso. Pois, enquanto o êxtase se dá como uma experiência momentânea, a simpatia para com o *páthos* divino implica uma atitude permanente que se transforma em um modo de vida. A teofania do *páthos* é denominada por Heschel "êxtase de Deus". Em vez de o homem ser insuflado pelo espírito divino, Deus é que busca o homem. A profecia, desse modo, também não deve ser entendida como entusiasmo, na medida em que o entusiasmo religioso implica uma união mística. O profeta permanece diante do divino, mas não em uma experiência de fusão.

Segundo Heschel, a profecia poderia ser caracterizada como um estado de "união simpatética"[46]. Não há fusão, não há identidade entre o ser humano e o divino, mas a vida do profeta está transformada para sempre. A unidade se dá como "vontade e emoção, experiência e mensagem". A mensagem da profecia bíblica, segundo o pensamento hescheliano, é o apelo ao arrependimento, entendido como afirmação da necessidade de o homem se "re-humanizar". O *homo sympathetikos* é um tipo de homem aberto a essa mensagem transcendente.

---

[45]. Op. cit., 89.
[46]. Op. cit., 99.

- Fenomenologia

O estudo que Heschel fez dos profetas bíblicos se deu nos marcos do método fenomenológico, com o qual o pensador travou contato durante seus anos como estudante na Universidade de Berlim. Os escritos de Husserl, de Dessoir e de Scheller, três filósofos que adotaram o método fenomenológico, ou suas variantes, já eram bastante conhecidos e divulgados nos meios acadêmicos alemães naquela época. O paradigma dominante na universidade alemã naquele momento, porém, era o neokantismo, que era a expressão local do positivismo. Para o neokantismo, o estudo da consciência do profeta faria pouco sentido. A noção hescheliana de uma realidade divina dada à consciência do profeta era completamente inaceitável para um sistema lógico no qual Deus não poderia ser uma realidade, a não ser como uma verdade simbólica.

Desde o início de seus anos como estudante, Heschel colocou-se ao lado daqueles que, como seu mestre Koigen, eram adversários do neokantismo. Para ele, um homem religioso que trazia fortes raízes hassídicas e que tinha sido fortemente influenciado pelos meios libertários de Vilna, era mais natural aliar-se àqueles que defendiam outra abordagem da realidade. Heschel necessitava encontrar um método que lhe possibilitasse abordar as questões humanas para além da ideologia acadêmica dominante de então. A impossibilidade ontológica de responder às "questões últimas" fizeram dele um crítico ácido da razão kantiana. Transcrevo aqui uma citação de Heschel glosada por Kaplan:

> Para eles, religião era um sentimento. Para mim, religião incluía os *insights* da Torá, que é uma visão do homem do ponto de vista de Deus. Eles falavam de Deus do ponto de vista do homem. Para eles, Deus era uma ideia, um postulado da razão. Eles garantiam a ele o *status* de ser uma possibilidade lógica. Mas assumir que ele teria existência teria sido um crime contra a epistemologia.

Heschel entrou na universidade nutrindo grandes esperanças nos estudos das ciências humanas, mas anos após seu contato com os meios intelectuais ocidentais ele permanecia um estrangeiro ao pensamento moderno. Segundo sua crítica, seus professores eram prisioneiros do que ele denominava o modo "greco-alemão de pensar". Ao referir-se a um tal modo greco-alemão de pensar, Heschel estava criticando diretamente a filosofia ocidental. As categorias do modo de pensar de seus professores não permitiam a Heschel formular de modo adequado as questões que o moviam. A piedade, a santidade e a ação, o *páthos*, são algumas das categorias com as quais Heschel formularia seu pensamento e com as quais ele formulou mais tarde todo um arcabouço sobre o qual construiu seu discurso sobre a santidade e a miséria da condição humana.

Mas Heschel já não poderia voltar simplesmente à comunidade hassídica de onde tinha saído. Para ele, era necessário formular uma síntese entre o pensamento ocidental e as raízes místico-judaicas do hassidismo. É nesse ponto que, ao lado da influência libertária de Koigen, surge a influência de Scheller, com sua fenomenologia centrada na pessoa e na ética interpessoal. De alguma forma, a noção de "simpatia" já pode ser intuída nos poemas religiosos do jovem Heschel, demonstrando que a afinidade hescheliana com Scheller e com a fenomenologia tem raízes muito profundas em suas preocupações religiosas e intelectuais. Heschel encontra no método fenomenológico uma interface com o hassidismo e o pensamento ocidental. Essa foi a forma como o pensador conseguiu traduzir suas ideias para uma linguagem filosófica.

Outro aspecto do uso metodológico da simpatia por Heschel dá-se por meio de sua prosa evocativa e de tom poético. Heschel busca envolver seus leitores em uma relação de simpatia com as ideias que ele quer passar. A simpatia, desse modo, não é apenas usada para estudar o mundo e a consciência do profeta bíblico, mas também para envolver o leitor pessoalmente com a figura humana do profeta. Hyman assim comenta: "Heschel comunicou uma miríade de ideias de um modo muito habilidoso, algumas de forma mais técnica, outras menos, com seu estilo literário próprio. Fazendo isso, ele queria provocar uma noção de sentido (*meaningfulness*) em seus leitores"[47]. Através de seu estilo, Heschel quer mover seu leitor à experiência da vivência de sua sensibilidade religiosa.

A outra categoria fenomenológica usada por Heschel é da "situação". Sobre isso comenta Hyman:

> A atitude de concernência e ligação (*attachment*) transforma-se para abarcar a visão de mundo do sujeito da forma mais plena possível. Para realmente ligar-se ao mundo do profeta, não podemos apenas suspender a descrença, mas devemos ativamente crer no que ele vê, faz, ouve, sente e pensa. Para obter os *insights* necessários, devemos experimentar as palavras proféticas de modo imediato. É isso o que Heschel denomina de "pensamento situacional"[48].

A simpatia é um meio de atingir a situação do sujeito e de buscar compreender seu ponto de vista de um modo participativo e engajado.

A chave para entender o uso do método fenomenológico no pensamento religioso de Heschel é a compreensão de que o pensador está sempre querendo que o seu interlocutor, o homem moderno, ponha-se no lugar do homem religioso e entenda seu ponto de vista e sua experiência de modo emocional e, portanto, pessoal. A experiência religiosa do judaísmo tradicional é por demais distante do homem moderno para ser compreendida por este. Mas o profeta

---

47. HYMAN, JAMES, *Abraham Heschel and the trope of meaning*, Dissertation submitted to Department of Religious Studies, Stanford University for PhD, 1994, 160.
48. Op. cit., 157.

bíblico pode ser uma ponte. Pois a modernidade é herdeira tanto da civilização grega e da romana quanto da civilização cristã medieval que a precedeu. Desse modo, na memória dessa civilização existem referências tanto dos pensadores gregos e latinos quanto dos pensadores cristãos medievais e, através deles, dos homens bíblicos. Mas os homens bíblicos têm seu pensamento semita borrado pela teologia metafísica, que interpreta seu pensamento de um ponto de vista grego.

Comentando a crítica hescheliana à enorme influência do pensamento grego no Ocidente, o filósofo norte-americano Neil Gilman afirma que Heschel diferencia dois modos de pensar: o pensamento conceptual e o pensamento situacional[49]. O pensamento conceptual é, antes de mais nada, um movimento e um ato de razão que busca conhecer objetivamente o mundo. O pensamento situacional, por outro lado, significa o completo envolvimento com a experiência vivida, no qual o objeto do conhecimento não se separa do sujeito do conhecimento. Desse modo, ao lado da razão, a vivência em todas as suas dimensões é também fonte de conhecimento para o sujeito. Gilman descreve duas atitudes opostas: o pensador conceptual deve ter uma atitude de imparcialidade e distanciamento, o pensador situacional hescheliano deve ter uma atitude de concernência engajada. Gilman vê na epistemologia do pensamento hescheliano grande proximidade com a epistemologia do filósofo católico francês Gabriel Marcel. A filosofia de Marcel tem como base epistemológica a distinção entre objeto e presença, entre problema e mistério, entre reflexão secundária e reflexão primária. Gilman, cuja tese de doutorado foi sobre Marcel, demonstra desse modo que o "pensamento situacional hescheliano" se enquadra no contexto de outros pensadores

---

49. GILLMAN, NEIL, Epistemological tensions in Heschel's thought, *Conservative Judaism*, v. 50, n. 2-3 (winter/spring 1998) 78-79.

fenomenólogos e existencialistas e não é, portanto, um caso único na filosofia ocidental do século XX, mas certamente encontra-se fora de sua corrente principal.

Essa é também a chave para entendermos o porquê de Heschel distanciar-se da teologia ocidental, isto é, da explicação racional do divino, e de em seu lugar buscar construir seu pensamento como "teologia profunda". O propósito da teologia profunda não é a crença em si, mas os pressupostos da experiência religiosa. A teologia hescheliana é também expressão do pensamento situacional, que privilegia a experiência pré-conceitual. Usando o linguajar hescheliano, poderíamos dizer que a questão principal para a teologia profunda não é a crença racionalizada, mas a fé em sua dimensão vivencial e emocional. O estudo hescheliano dos profetas hebreus não tem como objetivo validar as crenças destes sobre o divino, mas sim fazer o homem moderno perceber de modo engajado suas experiências profundas de amor e preocupação pelos homens.

▪ Antropologia divina: a Bíblia

Em um dos primeiros capítulos de *Deus em busca do homem*, cujo título é "Caminhos para a Sua Presença", Heschel assinala a ausência da Bíblia como referência para a filosofia ocidental moderna:

> Lendo as palavras da filosofia ocidental, é Platão ou Aristóteles, os estoicos ou os neoplatônicos que encontramos frequentemente. O espírito do pensamento deles paira sobre cada página do que foi escrito sobre filosofia. Contudo, procuraríamos em vão a Bíblia no recesso das metafísicas ocidentais. Os profetas estão ausentes quando os filósofos falam de Deus[50].

---

50. HESCHEL, *Deus em busca do homem*, 41.

A corrente principal da filosofia ocidental, ao mesmo tempo que venera suas raízes gregas, tem jogado para a sombra as raízes semitas da civilização ocidental. O esquecimento é uma das bases da consciência moderna. Mas não é isso o que transparece quando notamos a aparente presença da Bíblia como referência na cultura ocidental. Segundo Heschel, mesmo quando citam a Bíblia os filósofos citam-na retalhada, donde a perda de seu significado e de sua sabedoria. A Bíblia é relegada à vulgarização e ao fundamentalismo religioso, cujo nível de sofisticação intelectual é muito débil. Os profetas são, assim, os grandes ausentes quando os modernos falam de Deus:

> Abra-se alguma história da filosofia. Tales ou Parmênides lá estão; mas Isaías ou Elias, Jó ou Eclesiastes são sempre citados? O resultado de tal omissão é que as premissas básicas da filosofia ocidental são derivadas antes do grego do que do pensamento hebraico[51].

Desse modo, o pensamento filosófico quando se aproxima da Bíblia a encara como poesia e mitologia, como obra feita por um espírito ingênuo e primitivo. Como já foi mostrado antes, segundo Heschel, Espinosa foi o primeiro filósofo do Ocidente na modernidade nascente que sustentou tal opinião. Outra opinião muito comum entre os filósofos ocidentais é a de que o texto bíblico diz a mesma coisa que Aristóteles ou Platão disseram, só que estes últimos com um estilo direto, enquanto os profetas falavam por metáforas. O erro aqui, segundo Heschel, é tomar a interpretação das palavras dos profetas de acordo com um entendimento que se regula por outras categorias. Heschel afirma que o primeiro a realizar tal interpretação foi Fílon de Alexandria. As palavras dos profetas são tomadas como sendo idênticas ao pensamento da metafísica. A Bíblia é tomada, assim, como obra de cunho fundamentalmente teológico.

---

51. Ibid.

As questões básicas dos profetas, de acordo com o pensamento hescheliano, somente secundariamente são de ordem teológica, pois a experiência religiosa da revelação profética não busca desvendar os mistérios da divindade e os segredos do universo. A Bíblia não é a teologia do homem. Qual é a mensagem central dos profetas de acordo com Heschel?

> O pensamento decisivo na mensagem dos profetas não é a presença de Deus para o homem, mas, antes, a presença do homem para Deus. Eis por que a Bíblia é mais uma antropologia de Deus do que uma teologia do homem. Os profetas não falaram tanto do interesse do homem por Deus, como do interesse de Deus pelo homem. No princípio há o interesse divino. É devido ao divino interesse pelo homem que o homem pode ter um interesse por Deus, que somos capazes de buscá-lo[52].

Heschel põe de cabeça para baixo o entendimento ocidental sobre a Bíblia e sobre os profetas. O foco de sua preocupação como pensador são as imagens bíblicas sobre o ser humano e seu eco na tradição judaica posterior. Em *Prophetic inspiration after the prophets: Maimonides and other medieval authorities*[53] Heschel demonstra que ecos do profetismo judaico subsistiram no período talmúdico, na Idade Média e através de vários caminhos influenciaram os cabalistas e o hassidismo, seu herdeiro na Europa Oriental, de onde originou-se Heschel. O profeta, esse homem tão preocupado com a elevação dos seres humanos, é desse modo o inspirador do *mensch* hescheliano. Heschel construiu seu pensamento sobre o ser humano a partir de uma interpretação libertária da Bíblia, que virou a mensagem bíblica pelo avesso.

---

52. Op. cit., 412.
53. HESCHEL, ABRAHAM J., *Prophetic inspiration after prophets. Maimonides and other medieval authorities*, Hoboken, Ktav Publishing House, 1996.

Entre o anjo e a besta

> O homem é uma dualidade de misteriosa grandeza e árida pompa, uma visão de Deus e uma montanha de pó. É por ele ser pó que sua iniquidade pode ser perdoada; e é por ser a imagem de Deus que se espera dele a retidão.
> Abraham Joshua Heschel[1]

Como vimos até agora, a raiz do pensamento hescheliano encontra-se na confluência da mística judaica, em sua versão hassídica, com o pensamento libertário messiânico-judaico, do tipo que era cultivado nos círculos frequentados por ele em sua juventude. Desse encontro nasce, por "afinidade eletiva"[2], uma síntese, que no caso de Heschel se manifesta como um humanismo ao mesmo tempo, místico e libertário. Esse humanismo, que pensa a libertação humana em termos religiosos, é denominado por Kaplan de humanismo sagrado. É notável como no pensamento de Heschel manifestam-se

---

1. Heschel, Abraham J., *Who is man?*, Stanford, Stanford University Press, 1995 (1963), 48.
2. Löwy, *Redenção e utopia*, 13-17. Löwy retira este termo da alquimia, via seu uso literário por Goethe e depois por Weber. Löwy define a afinidade eletiva no mundo das ideias como sendo o encontro fecundo de ideias de diferentes origens, que em certo momento histórico são abraçadas por um mesmo grupo de intelectuais (ou mesmo por um intelectual), originando por fusão ou por um "casamento alquímico" uma "figura nova", não redutível às suas componentes.

muitas das características descritas por Löwy como típicas do messianismo libertário. Há características que são típicas de alguns pensadores messiânico-libertários, mas que, porém, não são encontradas em todos. O pensamento libertário em Heschel não tem um caráter socialista[3]. Ao mesmo tempo que fez a crítica do modo de vida ocidental e manteve em sua juventude fortes laços com pensadores socialistas, como David Koigen, seu mestre em Berlim, Heschel não se preocupou em defender claramente um sistema social e econômico alternativo. Em *The earth is the Lord's*, obra publicada em 1949, descrevendo a comunidade judaica tradicional asquenazi leste-europeia, arrasada com o genocídio nazista, defende romanticamente um modo de vida comunitário, baseado em valores muito diversos daqueles do capitalismo moderno e do socialismo de estado. Ao mesmo tempo, manteve em seus escritos e em sua atividade pública uma conhecida militância cujo radicalismo atraiu simpatizantes nas esquerdas e nos movimentos de crítica social e cultural. Kaplan também caracteriza a obra e a militância social de Heschel como um "radicalismo profético". As noções de radicalismo profético e messianismo libertário apresentam grande convergência, uma vez que as noções messiânicas iniciam-se com os profetas bíblicos, os modelos de engajamento social de Heschel. Da mesma forma, o radicalismo e o pensamento libertário convergem em sua obra. As caracterizações de Kaplan para a obra hescheliana não excluem de modo algum a noção de messianismo-libertário, aplicado nesse estudo ao conjunto da obra de Heschel; de fato ambas as noções se complementam.

Há, em Heschel, um radicalismo ético que transparece ao longo de sua obra, mas ele não faz menção ao conceito de "revolução". Também em outros messiânicos libertários, como Buber, o conceito

---

3. Aliás, Kafka e Scholem, que são caracterizados por Löwy como messiânico-libertários, também não poderiam ser caracterizados como socialistas.

de "revolução" aparece de forma marginal. Buber refere-se em seus escritos a uma forma de revolução que se dá no cotidiano e é por ele denominada de "renovação da sociedade". Esse "renascimento", proposto por Buber, ocorre principalmente na modificação da práxis cotidiana visando o reencontro em um nível superior com a vida comunitária, base para uma nova civilização libertária: a nova comunidade[4]. Deveríamos, pois, no caso de Heschel, caracterizar seu pensamento como messiânico-libertário ou seria melhor considerá-lo um humanismo sagrado? Já vimos que ambos não se excluem. A caracterização de messiânico-libertário se aplica no caso de Heschel. A denominação "humanismo sagrado", no entanto, descreve com mais precisão o pensamento hescheliano. Por isso, tal denominação é mais conveniente, pois coloca em destaque sua preocupação religiosa pelo encontro entre o humano e o divino. Conforme descreve Kasimow[5], em sua tese de doutorado, de 1973, esse encontro humano-divino consiste na preocupação hescheliana com a transcendência do homem.

A temática da transcendência do homem, como já vimos, está presente no pensamento hescheliano desde seus primeiros escritos de juventude pré-acadêmicos. Em seus poemas juvenis, Heschel expressa-se, em iídiche, ao mesmo tempo como um místico hassídico, que se sente envolvido e procurado por Deus, e como um humanista moderno, que critica a desumanização observada na sociedade à sua volta. A partir desses poemas, é possível observar a construção do *mensch* hescheliano, o homem que se encontra envolvido pela

---

4. BUBER, MARTIN, *Sobre comunidade*, São Paulo, Perspectiva, 1987, 33-40. Ver também do mesmo autor a obra: *O socialismo utópico*, São Paulo, Perspectiva, 1986.
5. KASIMOW, HAROLD, *Divine-human encounter. A study of A. J. Heschel.* Dissertation submitted to Temple University for the degree of Doctor of Philosophy, 1975.

presença divina. O *mensch* é uma pessoa religiosa que transforma sua contemplação de Deus em um apelo em prol do ser humano, em especial dos humildes e humilhados.

Apesar de seu apelo emocional, essa linguagem poética dificilmente encontraria muitos interlocutores fora dos meios judaicos. O processo de desumanização característico da modernização, no século XX, possui um alvo muito maior do que as comunidades judaicas, pois atinge a civilização como um todo. Heschel demonstra que a questão humana não é apenas uma questão judaica, embora o judaísmo carregue uma enorme sabedoria e experiência que permitem pensar a superação da tendência desumanizante moderna. Heschel quer, sobretudo, dialogar com o homem e com a civilização ocidentais.

Para transpor a distância que separa a tradição judaica do pensamento ocidental, Heschel recorre à Bíblia como uma ponte, por ser ela uma referência comum a ambas as culturas e por possuir para ambas uma grande autoridade religiosa e ética. Por um lado, ele reconhece que a Bíblia tem sido muito denegrida e é pouco conhecida na modernidade. Mas ela se conserva como uma obra de grande profundidade, na qual Deus está sempre imanente no texto, pois ela é a recordação e o testemunho da consciência humana, que se descobre como o *mensch* hescheliano procurado por Deus. A teofania está imanente nas escrituras.

Heschel coloca sua preocupação com a transcenderia humana no centro de seu discurso filosófico, de sua práxis social, de uma forma aceitável e digerível pelo homem moderno, a quem ele se dirige. Esta é uma estratégia intelectual que se inicia, como já vimos, com sua tese de doutorado sobre os profetas bíblicos e que se aprofundou no pós-guerra, quando Heschel já residia nos Estados Unidos. Em um país protestante como aquele, a mensagem hescheliana, calcada na Bíblia, suscitou rapidamente respostas nos meios progressistas tanto judaicos quanto cristãos. É interessante notar que essa visão do homem bíblico hescheliano é sempre interpretada à luz da exegese rabínica, mais precisamente da interpretação hassídica. Desse modo, Heschel traz o pensamento judaico para o debate contemporâneo, ressaltado a vocação universal da mensagem judaica.

Essa apresentação da tradição judaica em uma leitura libertária visava inspirar o resgate da tradição nos meios judaicos religiosos não ortodoxos, muitas vezes distanciados de sua herança milenar. É por isso que Borowitz[6], comentando a obra de Heschel, classifica-o como um neotradicionalista. Borowitz afirma que, com o pretexto de dialogar com os movimentos do judaísmo não ortodoxo, Heschel põe "de cabeça para baixo" as temáticas dos círculos judaicos progressistas, no intuito de expor a estreiteza de suas concepções liberais. A tensão da modernização exterior, de conveniência, sem a vontade de renovar o encontro humano-divino, foi fortemente criticada pelo pensamento hescheliano. Nos meios cristãos, por outro lado, esse pensamento buscou renovar os laços profundos que ligam cristãos e judeus por raízes bíblicas. É notável na práxis social de Heschel, desde seus dias na Alemanha, a disposição de dialogar com os meios cristãos progressistas, com o objetivo de fazer alianças na intervenção social. Na Alemanha, durante sua estada em Frankfurt, entre 1937 e 1938, ele travou vários contatos com grupos *Quakers*[7], que na época tinham também uma posição antinazista. Essa mesma disposição para contatos prosseguiu na segunda metade de sua vida nos Estados Unidos. Heschel entendeu que não encontraria interlocutores para sua proposta de diálogo crítico com o homem moderno se não o inspirasse em uma experiência religiosa familiar. Nesse sentido, o diálogo que o *mensch* mantinha com os leitores de poesia iídiche, em sua maioria laicos, se torna o diálogo do profeta bíblico com o público ocidental, principalmente norte-americano, das

---

6. BOROWITZ, *Choices in modern Jewish thought*, 166-181.
7. KAPLAN, *Holiness in words*, 163-166.

décadas que se seguiram à Segunda Guerra Mundial. Esse diálogo tinha como motor a crítica do processo de modernização, em seus aspectos reificadores e alienantes.

- A civilização técnica

O texto mais antigo em que Heschel inicia sua crítica ao fetichismo típico da civilização moderna pelas "coisas que ocupam lugar no espaço", em outras palavras o fetichismo pela obra humana, que uma vez realizada domina seu criador, é *The Shabat. It's meaning for modern man*, de 1951. No capítulo "The architecture of time", Heschel inicia sua crítica questionando o valor do progresso tecnológico como índice de humanização: "A civilização técnica é a conquista do espaço pelo homem"[8]. Mas esse triunfo é frequentemente conseguido pelo sacrifício da própria existência humana, justamente em uma dimensão vital para a realização plena da condição humana: o tempo. Na ânsia de ganhar o controle das coisas, que são por sua própria natureza espaciais, o homem moderno sacrifica o próprio coração de sua existência, sua experiência do tempo, em outras palavras, sua própria vida.

O mundo do trabalho domina cada poro da vida do homem moderno, canalizando todas as forças sociais, que são as próprias forças vitais humanas, para a manufatura constante de objetos e fetiches de consumo: "A preocupação da mente com as 'coisas do espaço' afeta, hoje em dia, todas as atividades do homem"[9]. Essa preocupação liga-se ao caráter contingente da satisfação das necessidades humanas; ela é também, segundo o filósofo, originada da primitiva noção religiosa pagã de que as divindades residem no espaço, em locais sagrados, como "montanhas, florestas, árvores ou pedras", e locais dotados de poderes, do maná das divindades. Essas noções,

---

8. Heschel, *The Sabbath*, 3.
9. Op. cit., 4.

aparentemente primitivas e superadas pelo homem ocidental, para Heschel estão presentes nas atividades, no trabalho, nos valores e nas diversas práticas cotidianas da civilização técnica. Ou seja, a civilização técnica não as superou, apenas as secularizou.

A construção da civilização industrial, da sociedade do trabalho, segundo o pensamento hescheliano, está intimamente ligada à substituição das relações qualitativas e comunitárias, ligadas ao tempo da vida, por relações desligadas da temporalidade vital como experiência do transcendente. A filosofia da religião durante os primeiros séculos da modernização foi afastando a possibilidade de pensar a experiência religiosa direta como uma noção respeitável. Isso ocorre tanto dentro das instituições religiosas como entre filósofos que criticaram o poder teológico das Igrejas. A religiosidade burguesa, diferente da medieval, baseou-se no sucesso individual e na santificação do trabalho.

O panteísmo filosófico, no Ocidente, abriu caminho para a substituição da divindade transcendente da Europa cristã medieval, que estava acima da natureza, por uma divindade que se confunde com a natureza e que por isso já não pode mais fazer atos miraculosos, mas que deve circunscrever-se às leis naturais. O panteísmo é segundo Heschel uma forma mais sofisticada de religião do espaço: "O *Deus sive natura* da filosofia espinosiana tinha a extensão como seu atributo, não o tempo; o tempo para Espinosa é meramente um acidente do movimento, um modo de pensar"[10]. Dessa forma, Espinosa, a quem Heschel criticou pelo entendimento reducionista da Torá como mera "Lei", tem de acordo com Heschel uma mentalidade dominada pelas noções espaciais. Nisso estaria a raiz do desejo de Espinosa de desenvolver uma ética a partir da geometria.

O panteísmo espinosiano surgiu mais ou menos um século antes de outra doutrina filosófica sobre a divindade: o teísmo. A

---

10. Ibid.

posição dos filósofos teístas consiste na ideia de que Deus criou o mundo e depois deixou-o, qual relógio com corda, andando sozinho. Deus, portanto, segundo os teístas, não participa do mundo, não é nele ativo. As explicações dos processos e das leis naturais, na opinião de filósofos teístas como Diderot, não necessitam de nenhuma intervenção divina. De certa forma, Heschel encara o panteísmo espinosiano como sendo um "pan-teísmo", isto é, um teísmo total, mais radical. O Ser Supremo de Espinosa, apesar de imanente, confunde-se com a natureza e não tem nenhuma atuação para além das leis e processos naturais.

Tanto o panteísmo espinosiano do século XVII quanto o teísmo dos filósofos iluministas do século XVIII abrem caminho para o "a-teísmo" do século XIX e do XX. Heschel, que mantém uma posição francamente diferente, e até oposta, de Espinosa, sempre faz menção crítica ao filósofo holandês, que se constituiu, com o passar do tempo, em uma referência muito forte nos círculos judaicos liberais. Temos, assim, um bom exemplo da inversão hescheliana dos temas do judaísmo liberal, segundo a opinião de Borowitz[11].

O deus espacial, que pode ser fabricado pelo homem e que pode ser contido em um lugar, é, para Heschel, uma mera sombra do homem. As coisas, os objetos que são tão avidamente buscados pelos homens de nossa civilização, como se fossem capazes de tornar plenos seus possuidores, iludem, mas não preenchem. Essas sombras sem vida, na expressão de Heschel, não livram os homens de sua angústia existencial. As propriedades tornam-se, segundo Heschel, o símbolo das repressões e das frustrações do homem moderno: "De fato, sabemos o que fazer com o espaço, mas não o que fazer com o tempo, exceto torná-lo subserviente ao espaço"[12].

---

11. BOROWITZ, *Choices in modern Jewish thought*.
12. HESCHEL, *The Sabbath*, 5.

O trabalho, a transformação do tempo da existência em objetos de consumo, em coisas espaciais, é o objetivo maior do homem moderno. O tempo da existência torna-se, para esse tipo de homem, o tempo da labuta pela aquisição. Mas esse é um fim externo, orientado para fora do sujeito, que se torna, consequentemente, um alienígena em relação à sua própria temporalidade: "Como resultado, sofremos de um profundo e enraizado medo do tempo e ficamos consternados quando compelidos a olhar sua face"[13]. O "medo do tempo", expresso na cultura contemporânea pelo tédio do consumo, pelo medo do envelhecimento e pelo vício do trabalho, manifesta a pobreza espiritual do homem reificado pela civilização técnica.

Essa constatação do pavor do homem moderno ante o tempo também foi feita por outros críticos da civilização tecnológica moderna. Em seu estudo sobre Guy Debord, Anselm Jappe demonstra como também o fundador do movimento situacionista abordou o medo do homem moderno em face do tempo. Escreve Jappe citando Debord:

> A mesma ausência social da morte é outro aspecto da ausência da vida: "A consciência espectadora não reconhece mais em sua vida uma passagem para a realização e para a morte" [...]. [Para o homem moderno,] o tempo lhe dá medo porque é feito de saltos qualitativos, de escolhas irreversíveis, de oportunidades que nunca voltarão [...]. É por isso que os indivíduos desse tipo, que ainda não começaram a viver, mas se reservam para uma melhor ocasião, e que, portanto, têm um medo tão grande de envelhecer, não esperam nada menos que o paraíso permanente[14].

Tanto o pensamento situacionista como o pensamento hescheliano reconhecem na falta de transcendência, que resulta no medo da morte, a raiz do pavor do tempo. O culto da juventude é outro

---

13. Ibid.
14. JAPPE, ANSELM, *Guy Debord*, Petropolis, Vozes, 1999, 150.

aspecto do culto pelo espaço. O objeto de consumo torna-se o corpo. A mercantilização do corpo avançou muito nas décadas que se seguiram à morte de Heschel e Debord, chegando a um nível que eles imaginaram, mas não conheceram. O paraíso virtual e espetacular, oferecido pela modernidade, torna-se, desse modo, para ambos, a antítese da redenção libertária. O homem, em vez de buscar sua realização, adia, aliena sua vida.

"A civilização, como pudemos ver, é, segundo Heschel, o triunfo do homem sobre o espaço. Entretanto, o tempo permanece impávido. Podemos vencer as distâncias, mas nem podemos recapturar o passado nem cavar o futuro. O homem transcende o espaço, e o tempo transcende o homem"[15]. Segundo ele, o homem moderno procura desprezar o problema do tempo e decepciona-se, pois não se pode conquistar o tempo através do espaço. O homem espiritualmente desenvolvido, por outro lado, entende que o domínio do tempo só pode ser realizado no tempo. A espiritualidade orienta-se para o transcendente, para a presença espiritual, que não se manifesta nas coisas, mas nos momentos sagrados.

Heschel afirma que a Bíblia, enquanto obra, é mais preocupada com o tempo do que com o espaço[16]. Ela dá mais atenção às gerações e eventos do que aos países e às coisas. A Bíblia, segundo o pensamento hescheliano, é mais preocupada com a história do que com a geografia. Para o homem bíblico, Deus manifesta-se na natureza, mas é sobretudo na história que a manifestação divina é mais evidente. A maior evidência dessa forma de pensar está presente no próprio hebraico bíblico, que não tem uma palavra equivalente para "coisa". A palavra hebraica *davar*, que mais tarde veio a significar "coisa", tem

---

15. HESCHEL, ABRAHAM J., Architecture of time, in: ID., *To grow in wisdom*, 75. Ver também HESCHEL, *The Sabbath*, 98.
16. HESCHEL, *The Sabbat*, 6. Ver também o ensaio "Space, time and reality. The centrality of time in the biblical world-view", in: ID., *To grow in wisdom*.

no hebraico bíblico o sentido de "discurso", "mensagem", "aviso", "história", "ato" etc. Nunca, porém, tem o sentido de "coisa". O Deus de Israel, ao contrário das divindades pagãs que eram associadas às coisas naturais, liga-se, como por exemplo nos Dez Mandamentos, a eventos históricos: a libertação da escravidão do Egito. A redenção, desse modo, se dá na história humana em vez de na história natural, segundo o pensamento hescheliano.

O judaísmo é, portanto, segundo Heschel, a religião que herda da Antiguidade bíblica essa consciência do tempo e desenvolve-se como religião que busca a santificação do tempo. A mesma ideia é apresentada por Rehfeld, em seu estudo sobre a experiência do tempo do homem bíblico. Citando Boman, afirma Rehfeld: "O tempo é sentido muito mais intensamente do que o espaço, acontecendo justamente o contrário na cultura grega. Aos olhos do homem bíblico, a realidade seria essencialmente dinâmica em contraste com as concepções estáticas da filosofia e das ciências gregas"[17]. As festividades judaicas desenvolveram-se de festas agrícolas, vinculadas às estações do ano, para tornarem-se celebrações de "eventos históricos". *Pessach*, que originalmente era um festival primaveril, torna-se a celebração da saída do Egito. *Shavuot*, de festival da colheita. *Hag Hakatzir* torna-se a celebração da entrega da Torá no Monte Sinai. E, sobretudo, o *Shabat* é chamado por Heschel de "catedral no tempo"[18]. "O que é o *Shabat*?", pergunta Heschel. E responde: "O espírito em forma de tempo"[19].

Uma noção muito parecida é apresentada por Walter Benjamim. No pensamento libertário de Benjamim, a celebração ocupa uma posição muito importante para a conscientização do proletariado quanto à necessidade de libertar-se dos padrões burgueses. A

---

17. REHFELD, WALTER, *Tempo e religião. A experiência do homem bíblico*, São Paulo, Perspectiva, 1988, 38.
18. HESCHEL, *The Sabbat*, 13.
19. Op. cit., 75.

consciência libertária inicia-se como consciência da temporalidade, presente nos calendários, nas festas e nas celebrações: "Os calendários não contam o tempo como os relógios"[20], pois neles tem-se a presença do tempo como tempo da vida, diferente do tempo homogêneo dos relógios e do trabalho alienado, que caracteriza o cotidiano burguês. A alienação do tempo é, em Benjamim, uma medida do processo de modernização, enquanto processo de desumanização. Essa é uma parte importante da crítica benjaminiana à noção moderna de progresso.

Tanto para Benjamim quanto para Debord e para Heschel, a alienação moderna com relação ao tempo, que é alienação com relação ao tempo da vida, é medida de um tipo de empobrecimento típico da civilização técnica: a perda da noção profunda de sentido para a vida humana. Para ambos, Heschel e Benjamim, a perda de sentido é observada na decadência da vida religiosa. Em Benjamim, é o distanciamento da experiência cósmica, que se verifica no Ocidente, desde o século XVI. Para Heschel, esse processo é reconhecido como sendo o desprezo dos modernos pela experiência do inefável. Essa convergência no pensamento desses filósofos pode ser entendida como mais uma demonstração de que Heschel deveria ser evidentemente caracterizado como um pensador messiânico-libertário, segundo a caracterização de Löwy. Por outro lado, demonstra que, principalmente após a Primeira Guerra Mundial, o mal-estar na civilização começou a ser sentido de forma mais profunda na Europa. Contudo, aquilo que Benjamim só pôde pressentir, pois morreu no início da Segunda Guerra Mundial, Heschel experimentou após o holocausto em sua experiência norte-americana. De certo modo, na sua crítica à sociedade industrial, os frankfurtianos que foram para os Estados Unidos tornaram-se os continuadores da obra benjaminiana.

---

20. BENJAMIN, *Rua de mão única*, 68-69.

Heschel percebe a sociedade norte-americana como sendo a outra ponta do desenvolvimento do processo moderno de perda de sentido para a existência humana.

■ O sentido da existência

A inconsciência com relação às questões fundamentais da existência tem sido o modo pelo qual o homem moderno confronta-se com o sentido último da vida. Essa inconsciência, que é fruto de sua pobreza espiritual, é alimentada pela crença de que sua segurança está em se abster de pensar nesses assuntos. Heschel fulmina: "As questões últimas têm se tornado o objeto favorito de sua inconsciência"[21]. A tecnologia, a alienação do trabalho e o consumo sem sentido têm reduzido as expectativas de autorrealização dos homens na modernidade. As sociedades de consumo do pós-guerra estariam, segundo Heschel, encaminhando-se para um estado de tranquilidade sonâmbula, tornada possível pela dedicação da vida humana a objetivos parciais. Essa tranquilidade, espécie de *doping* existencial, tenderia a conduzir paradoxalmente o homem de nossa era ao oposto dessa tranquilidade, isto é, ao desespero e ao "pesadelo da futilidade".

O ser humano é um ser que clama por sentido em todos atos que realiza. Pois a própria conscientização, pressuposto da atividade humana, é a dedicação a um desígnio. As ferramentas criadas pelo homem, ou seus atos sociais, são sempre respostas a uma necessidade. Ou seja, os artefatos e as ações dos homens possuem uma função que lhes dá sentido, obedecem a uma finalidade. Mas será que, se as ações humanas têm sentido, não teria o próprio homem um sentido? Segundo Heschel, o homem é um "sujeito em busca de um

---

21. HESCHEL, The concept of man in Jewish thought, 97.

predicado"[22], é um ser à procura de um sentido. É nele, na possibilidade de sentido, que está a preciosidade de sua própria vida. O sentido da existência humana, no entanto, não é um dado *a priori*. É antes algo que deve ser buscado através da própria vivência. Outrossim, esse sentido é algo que não pode ser reduzido a uma relação material e detectado pelos órgãos sensoriais. O sentido da vida é um valor, não uma coisa, é resultado da experiência, da vivência, não uma ideia platônica preexistente e eterna.

Esse sentido, porém, não é outorgado apenas pelo sujeito. O sentido da existência do sujeito é parte de sua relação com o outro e com as circunstâncias que vão além dele. A vida do homem deve fazer sentido para alguém além dele mesmo. O pensamento hescheliano questiona se a vida, que certamente é preciosa para o homem, só seria preciosa apenas para ele. Tal questionamento é, em sua visão, a tarefa mais importante da filosofia, não a formulação do que é o sentido, pois se poderia incorrer no risco de ligá-lo a uma ideia redutora acerca do que é o homem. A filosofia se constitui no questionamento do que o homem ousa fazer com o que ele supõe ser o sentido último da existência.

Fazer sentido é ser necessário para alguém mais. Enquanto os animais se contentam em ter suas próprias necessidades satisfeitas, o homem insiste em não apenas ter suas necessidades satisfeitas, mas também em poder satisfazer. O ser humano pleno, o *mensch* hescheliano, quer ser uma necessidade e não apenas satisfazer as suas próprias. O homem necessita fazer sentido, ter um fim que vá além dele mesmo. Essa necessidade de ser necessário está intimamente conectada à experiência de transcendência, que é buscada pelo *mensch*. Não se trata aqui de uma experiência apenas mística e interior, ela é o fundamento para o modo hescheliano de pensar as relações humanas, de decidir se elas realmente são humanas.

---

22. Op. cit., 98.

O narcisismo típico do homem moderno, que se esforça e "sofistica" seu pensamento para acreditar que ele é um fim em si mesmo e que os outros seres só existem para satisfazê-lo, é vigorosamente criticado por Heschel. Para ele, esse é um índice que demonstra a que ponto chegou a redução das expectativas de humanização na civilização industrial. O narcisismo do fim em si mesmo é produtor de várias neuroses. Ele leva ao desespero. A plenitude, por outro lado, é encontrada na certeza de ser necessário. É então que umas das mais fundamentais perguntas heschelianas é formulada: "Quem necessita do homem?"[23].

A resposta mais comum dada a essa questão em nossa época é a social: o homem é necessário para a sociedade, para a nação ou para a humanidade genérica. Pensada desse modo, a utilidade última de uma pessoa seria dada por sua contribuição para o coletivo. O limite e a contradição dessa resposta está, porém, em que mesmo a mais abnegada das pessoas rebela-se se for tratada pelas outras como sendo apenas uma peça na engrenagem social. E o que fazer com os socialmente inviáveis? Quem necessita dos doentes incuráveis ou dos velhos? A resposta social, levada às últimas consequências, gera uma atitude que reduz o valor intrínseco da pessoa humana. Essa visão foi a base, neste século, para políticas de eliminação de doentes e incapazes pelos regimes nazifascistas ou para utilização de milhões de homens nos exércitos nacionais nas outras guerras. Essa resposta, que parece atender tanto ao senso comum de nosso tempo, é na verdade uma resposta vulgar e reducionista. Além do mais, afirma Heschel: "O homem tem mais para dar do que o outro é capaz de receber". E conclui que "a existência humana não pode derivar seu sentido último da sociedade, porque a sociedade, ela mesma, necessita de um significado"[24]. O significado da humanidade de uma

---

23. Op. cit., 99.
24. Op. cit., 100.

pessoa transcende o sentido de uma sociedade histórica ou de um Estado. Na biologia, o termo "humanidade" não existe, mas apenas o termo "espécie humana", de forma coletiva e abstrata. Em ética, ou no domínio da religião, o termo "humanidade" tem um sentido muito mais concreto, significando a comunidade das pessoas: "Se é verdade, por um lado, que o bem de todos conta mais do que o bem de uma pessoa, é o indivíduo concreto, por outro lado, que outorga sentido à espécie humana"[25]. Desse modo, o valor do indivíduo não está no grupo do qual ele faz parte, pois é exatamente o oposto o que afirma Heschel: o grupo é que deriva seu valor dos indivíduos que o compõem.

Os seres humanos são transitórios, mas a questão do valor e do sentido da existência humana não cessa de existir com a morte da pessoa. A vida torna-se lúgubre se não é espelhada em algo que perdure. O homem moderno tem buscado o sentido de sua vida na satisfação das pequenas necessidades passageiras e, ao satisfazer fins tão passageiros, termina por confrontar-se com a futilidade, que conduz ao desespero. A existência realmente humana e o desespero são incompatíveis. O homem é um ser sempre em busca do sentido último para sua existência. Esse sentido implica não apenas que o ser humano seja parte de um todo, mas também que ele seja a resposta a uma questão: "A vida humana é preciosa para o homem, mas será que ela é preciosa apenas para ele?"[26]. Segundo Heschel, a vida humana tem um sentido cósmico, que ele chama de necessidade divina. O homem encontra seu sentido na realização de sua própria humanidade, como *tikun*, como elevação de si.

---

25. Ibid.
26. Op. cit., 102.

- **Pensando o homem em termos humanos**

A humanidade do homem se constitui um problema porque o ser humano é um ente afligido por contradições e perplexidades. Diferentemente dos animais, o homem não faz totalmente parte de seu meio. Ser humano é ser um problema, que expressa a própria angústia e o sofrimento mental inerente ao homem. Ser humano não é ser um conceito, antes é ser uma situação: "A perplexidade começa quando tentamos tornar claro o que significa a humanidade do homem"[27]. Desse modo, o adequado entendimento do que é o homem só é possível quando começamos a pensá-lo em termos humanos.

Mas o que é pensar o homem em termos humanos? A ciência e o pensamento modernos têm feito vários esforços para pesquisar e analisar o homem em vários campos: antropológico, econômico, linguístico, médico, psicológico, político, filosófico e sociológico. Ocorre que essa abordagem atomizada e especializada tende a perder de vista a totalidade da pessoa. Essa redução do homem também tem sido recentemente criticada por outro crítico da modernização, o pensador alemão Robert Kurz. Segundo esse autor[28], tal redução, além de esterilizar o pensamento sobre o ser humano, naturaliza a situação anti-humana, na forma como ela se reproduz na civilização atual, impossibilitando todo pensamento crítico que tenha como fim a libertação da atual condição de crise pela qual passa a humanidade. A pretensa objetividade nos estudos humanos em nossa era perde de vista o significado último da "humanidade" do *homo sapiens*. Eis um ponto em que dois pensamentos críticos à modernidade, o hescheliano e o kurtziano, se tocam, dois pensadores libertários, separados por décadas, um religioso e o outro pós-marxista, um judeu e o outro alemão.

---

27. Heschel, *Who is man?*, 3.
28. Kurz, Robert, *O colapso da modernização. Da derrocada do socialismo de caserna à crise da economia mundial*, Rio de Janeiro, Paz e Terra, 1992.

Voltando a Heschel, a tarefa da filosofia, para ele, não é propriamente a descrição da natureza humana. Se a filosofia não faz a crítica conjuntamente com a descrição da natureza humana, torna-se estéril. Não é possível, porém, uma descrição completamente objetivada da condição humana. Vivemos o que tentamos descrever. Quando se menospreza esse elemento subjetivo nos estudos do homem, é possível até ficar com a forma e avançar no conhecimento periférico, mas o conteúdo e o sentido da humanidade do homem são obscurecidos: "Nossa dificuldade é que conhecemos tão pouco sobre a humanidade do homem"[29]. É a partir dessa constatação que Heschel lança sua pergunta: "Não seria concebível que nossa inteira civilização esteja construída em uma falsa interpretação do homem?"[30]. A tragédia do homem moderno seria ter esquecido de formular a questão nos termos: "Quem é o homem?". Em vez de perguntar "quem", os modernos se acostumaram a perguntar "o que" é o homem. É sempre buscada, no pensamento científico moderno, uma objetividade que não leva em conta o fato de o objeto e o sujeito da pergunta coincidirem.

Segundo Heschel, o homem não é livre para escolher se ele quer ou não obter conhecimento sobre si. Esse autoconhecimento sempre existe necessariamente, mesmo que misturado com algum grau de preconceito. O problema está em que, paradoxalmente, o homem é um "texto obscuro" para si mesmo. Qual seria, então, o melhor método de exegese da existência humana? Encontrar essa resposta é a tarefa primária do filósofo. Será que o ser humano pode ser descrito apenas em termos de comportamento? Como, por exemplo, são descritos os animais? Se é claro que a animalidade faz parte da condição humana, para Heschel essa constatação, ainda que racionalmente veraz, é intuitivamente repulsiva, pois é sempre um erro equiparar a essência humana com suas manifestações.

---

29. Op. cit., 5.
30. Ibid.

O conhecimento dos animais pode ser sempre estudado como conhecimento objetivo de seres no espaço. O ser humano também é um ser no espaço, mas o conhecimento do homem pelo homem é um sempre subjetivo, orientado para a existência, para a vida. Vai, portanto, além do espaço. Como já vimos, Heschel constata que o sujeito e o objeto coincidem no caso do conhecimento sobre o homem. Sendo assim, qualquer teoria sobre o homem afeta e molda esse mesmo homem: "Nós não apenas descrevemos a natureza do homem, nós a moldamos. Tornamo-nos o que pensamos sobre nós mesmos"[31]. No caso do homem, natureza e cultura, natural e artificial, estão para sempre reunidos de uma forma dialética. O homem natural é um mito e uma contradição em termos, pois o homem tornou-se humano mudando seu estado natural.

A condição humana não é, desse modo, para Heschel, um dado natural. A humanização sempre segue um modelo de homem. A imagem que adotamos do ser humano determina esse mesmo ser humano. Portanto, qualquer teoria sobre o homem tem implicações que vão além da objetividade científica ou filosófica. A crítica hescheliana à ciência moderna aponta para as implicações não científicas que essa ciência traz consigo, das quais ela sempre parece estar inconsciente. Como principais implicações não científicas, temos a consciência de sentido e a ética, pois elas se conectam à ação de auto-humanização, isto é, ao fazer-se humano.

O homem nunca é indiferente a si mesmo. O autoconhecimento, que é o objetivo último de todo conhecimento do homem, abarca não apenas as atitudes externas e o comportamento aparente, mas também a interpretação do comportamento humano. Essa interpretação, que necessariamente deve ir além da mera descrição "objetivada", conforme ditam os cânones do positivismo científico, deve ser

---

31. Op. cit., 7.

carregada da noção de valor. Não o valor econômico, que é reificado, mas outro valor sensível. Segundo o pensamento hescheliano, a essência da condição humana é valor, que envolve o ser humano em todas as dimensões de sua existência. Por isso, o *behaviorismo*, enquanto método, se constitui, segundo ele, em um reducionismo que permite apenas conhecimentos parciais e superficiais do ser humano.

Heschel afirma que, mesmo negado pela racionalidade contemporânea, o questionamento profundo do sentido da existência tem implicações para a sobrevivência humana na era tecnológica:

> Questionando-me sobre o homem, tenho em mente não apenas a questão da essência, mas também a questão acerca da concreta situação em que nos encontramos, situação essa que põe o problema do homem sob uma nova luz. O assunto é velho, no entanto a perspectiva é de emergência. Nova nesta época é a terrível gravidade da situação humana. As questões que fazemos hoje pareceriam absurdas há algumas décadas atrás: "Somos nós a última geração? É esta a última hora da civilização ocidental?"[32].

Segundo Heschel, a ilusão da racionalidade tecnológica científica e econômica esvaiu-se após os trágicos acontecimentos do século XX: "A filosofia não pode ser a mesma depois de Auschwitz e Hiroshima. Certas ideias sobre a humanidade que se provaram superficialmente plausíveis, mas de fato falsas, foram quebradas. Aquilo que era tido como lugar-comum provou-se um utopismo"[33]. Utópico, segundo o pensamento hescheliano, não é pensar a redenção humana a partir de uma perspectiva cósmica e transcendente, mas sim pensar que sem ela o homem possa realizar plenamente sua humanização. A filosofia, nesta nossa época tortuosa, precisa renovar-se para ser relevante. O pensamento crítico precisa ser reafirmado.

---

32. Op. cit., 13.
33. Ibid.

O homem moderno, no entender de Heschel, não tem sido capaz de criar uma filosofia que seja relevante como uma sabedoria pela qual se possa viver. Diante da tecnologia a serviço da mercantilização da vida, a ciência se mostrou, no século XX, míope para entender a seriedade das questões humanas. Míope também para entender as possibilidades destrutivas a que seus modelos de construção do homem nos levaram. Isso porque estudar o ser humano não é a mesma coisa que estudar um objeto natural exterior: "Conheço as Montanhas Rochosas, mas não sou as Montanhas Rochosas"[34]. Estudar o ser humano é estudar a nós mesmos. A situação humana é sempre também a "minha" situação, somente deste ponto de vista é possível conhecer o homem. Certamente, nesse ponto o pensamento hescheliano se coloca ao lado de toda a tradição de crítica ao positivismo que impugna a distinção cartesiana entre sujeito e objeto que está na base do projeto epistemológico moderno.

A situação humana, percebida a partir da visão hescheliana, é encarada com um tom dramático. Heschel afirma não se poder pensar o homem em nossa época sem vir à tona o sentimento de vergonha, de angústia e de desgosto. O homem revelou-se, neste século, ser possuidor de um grande potencial de destruição. Ao contrário do que preconiza a filosofia iluminista, o estudo do homem, segundo Heschel, deve ser tocado pela "dor" do homem. O *homo sapiens* parece ser forte e satisfeito, mas ele é pobre, necessitado e vulnerável tanto física como mentalmente. A humanidade do homem está intimamente conectada com a possibilidade de cultivo da condição humana. Não é algo "natural", como um epifenômeno, sempre dado ao ser humano. A condição humana pode ser liquidada: "A liquidação da condição humana levará inevitavelmente à liquidação do ser humano"[35].

---

34. Op. cit., 14.
35. Op. cit., 16.

- Crítica a algumas definições do homem

O pensamento hescheliano, influenciado que foi pela fenomenologia, parte de uma postura situacionista para formular seu discurso. Ao perguntar-se sobre o homem, Heschel lembra que esta é sempre uma pergunta reflexiva: "A quem estou me referindo quando pergunto sobre o homem? Refiro-me à minha pessoa e às outras pessoas"[36]. Para conhecer os outros, o homem deve também conhecer-se. A dimensão subjetiva não é algo que enfraquece a objetividade dos estudos sobre o homem. Não há conhecimento do homem que não seja conhecimento de si. Aqui está a razão para sua crítica do empobrecimento que tem caracterizado o homem moderno.

Para entender essa postura de objetividade redutora, que distingue as ciências modernas no trato das questões sobre o homem, Heschel procede a uma arqueologia do pensamento sobre o homem no Ocidente. Entre os gregos, a máxima: "Conhece-te a ti mesmo", que estava inscrita no frontispício do Templo de Apolo, em Delfos, era, antes de tudo, uma advertência contra o pecado da *hybris*, da presunção de grandeza diante dos deuses. Seu corolário era: "Que tu saibas que és humano e nada mais"[37]. Foi Sócrates que modificou o sentido dessa máxima e a empregou no sentido do autoconhecimento. Platão referia-se ao autoconhecimento como uma tarefa tão grandiosa, que somente Zeus poderia fazê-la com maestria. A despeito de todo conhecimento que o homem adquiriu desde então em vários campos do saber e das ciências, ele permanece um enigma para si mesmo. No entanto, adverte Heschel, o autoconhecimento é um pré-requisito sem o qual não é possível nenhum conhecimento do mundo.

Entre os gregos, Protágoras expressou essa postura ao afirmar que o homem é a medida para todas as coisas. Heschel acrescenta

---
36. Op. cit., 18.
37. Ibid.

a essa máxima a questão: "Qual é a medida do homem?". Qual é o autoconhecimento correto? Em outras palavras, como formular corretamente a questão sobre o homem? De onde partir para formulá-la? No entender de Heschel, o homem pós-moderno está mais profundamente perplexo do que seus ancestrais acerca de sua própria condição.

Buscando responder a essas questões, muitos pensadores modernos foram buscar na origem do homem o sentido último de sua condição. O homem é definido, então, como um animal. Desse modo, assim como estudamos e definimos os cães e os peixes, também estudamos e definimos o homem. Contudo, definir o homem como um animal é buscar o que de animal ele tem. Para Heschel, essa definição trai uma vontade profunda de conceber o homem à imagem do animal. O destino e a essência do homem seriam, assim, fruto de sua animalidade. Mas será que é na animalidade que está a chave para resolver o problema da existência humana?

Aristóteles definiu o homem como sendo um animal civilizado, capaz de adquirir conhecimento. A filosofia escolástica aceitava a definição do homem como sendo um animal racional. No século XVIII, Benjamim Franklin definia o homem como sendo *homo faber*, um animal capaz de fabricar instrumentos. Essa tendência está presente até hoje em muitas escolas antropológicas e na sociobiologia, que encaram o homem como sendo fundamentalmente um construto biogenético: "Ao fazer a pergunta sobre o homem, o problema não se encontra na evidente constatação de sua animalidade, mas no enigma acerca do que ele faz, por causa, e a despeito, por existir com, e ao mesmo tempo apartado, dela"[38]. É justamente a peculiaridade do homem em relação ao mundo natural que nos move a buscar entendê-lo.

---

38. Op. cit., 21.

O homem é motivado, nessa empresa, pelo autoconhecimento, não por uma vontade de classificar-se zoologicamente. O homem não busca apenas encontrar o seu lugar no mundo animal, mas antes entender o porquê de o seu lugar não estar entre os animais. Segundo Heschel, qualquer doutrina que meramente descreva o homem como um animal, com algum atributo distinto, tende a obscurecer o problema que busca resolver. O que é buscado não é a animalidade, mas sim a humanidade do homem. A questão fundamental está no destino do homem, não apenas em sua origem.

Outrossim, essa perspectiva é enganosa, pois não leva em conta o que realmente se quer dizer com a definição "animal". A vida interior dos animais não é completamente conhecida. Sendo assim, não é possível para o ser humano experimentar e sentir a animalidade separadamente de sua humanidade. Então, como saber o que no homem é pura animalidade? "A concepção zoomórfica do homem nos habilita a assinalar o lugar do homem no universo físico. Entretanto, falha em explicar a infinita distância entre o homem e o mais evoluído animal após ele."[39] A concepção zoomórfica do homem seria tão imprópria para descrever o homem quanto a concepção antropomórfica é imprópria para descrever Deus. Ela é, de fato, uma redução que, quando levada a cabo, distorce o sentido profundo da condição humana.

Ironicamente, afirmando que cada geração tem a definição de homem que merece, Heschel comenta, em seguida, outra definição muito popular na ciência moderna. Essa definição perdurou, com muita força, até o início do século XX, influenciada pelo pensamento de Descartes, que é quem primeiro a propôs. Trata-se da ideia do homem-máquina. No século XVIII, essa noção é impulsionada pela obra de La Mettrie (1709-1751) *L'homme machine*. Em seguida, no

---

39. Op. cit., 23.

século XIX e na primeira metade do século XX, a ideia do homem-máquina torna-se um mito recorrente nas ciências naturais e no pensamento positivista. Na tentativa de descrever o homem, decompondo-o em suas supostas partes, essa noção procura vê-lo como um engenho de caráter químico e físico. Tal como a insuficiência explicativa da concepção animal, a ideia do homem-máquina resulta também em uma grave distorção e redução da compreensão do que é o ser humano. A ideia do homem-máquina, no qual se põe energia sob a forma de alimento, que em seguida é posto a produzir e gastar energia sob a forma de força de trabalho, tem sido também muito popular no pensamento dos economistas modernos. Esse pensamento redutor tornou-se a tal ponto lugar-comum, que é referência constante na indústria cultural até hoje. A questão mais terrível é que ele nem sequer é percebido pela maioria como reificação da condição humana. Além de mote econômico da sociedade do trabalho, tornou-se, desde Malthus, presente no pensamento de várias agendas políticas nos estados modernos nos últimos dois séculos. Sobre isso Heschel apresenta uma reflexão inquietante:

> Na Alemanha pré-nazista, a seguinte máxima sobre o homem era frequentemente citada: "O corpo humano contém uma quantidade suficiente de gordura para fazer sete barras de sabão, suficiente ferro para fazer um alfinete médio, uma quantidade suficiente de fósforo para produzir duas mil cabeças para palitos, suficiente enxofre para fazer pular uma pulga". Talvez haja alguma conexão entre essa máxima e o que os nazistas realmente fizeram nos campos de extermínio: fazer sabão de carne humana[40].

Heschel admite que essas concepções podem ter até algum valor. No entanto, na sua pretensão de expressar a essência sobre a condição humana, terminam por contribuir para a "liquidação" do

---

40. Op. cit., 24.

autoentendimento do homem. Liquidando o autoentendimento, o homem é conduzido à autoextinção.

A incerteza com relação à sua própria humanidade e o ceticismo são características marcantes do homem moderno. Heschel denomina essa situação de "eclipse da humanidade": "Na Idade Média, os pensadores tentavam encontrar provas da existência de Deus. Hoje nós parecemos procurar provas da existência do homem"[41]. O pensamento cínico e niilista tem, segundo Heschel, se tornado comum entre os modernos. O homem é difamado e visto com desprezo. O niilismo contemporâneo é incapaz de encarar a crise do homem moderno como a crise de uma forma histórica de civilização. Em vez disso, é a natureza humana que é encarada como bestial. A dignidade humana termina por ser encoberta. O eclipse da humanidade é pensado por Heschel como inabilidade dos modernos para sentir a relevância espiritual do homem.

Há uma relação mais do que semântica entre a ideia de eclipse da humanidade hescheliana e a ideia de eclipse da razão descrito por Adorno e Horkheimer. Tanto Heschel como os frankfurtianos vão chegar a essas noções de eclipse após sua experiência com o nazismo e sua ida posterior aos Estados Unidos. O eclipse da humanidade hescheliano articula-se ao eclipse da razão frankfurtiana, na medida em que ambos os conceitos referem-se ao processo sem sujeito, impessoal, de desvalorização da vida que ocorre nas sociedades modernas. Desvalorização que assume a forma da reprodução de tautologia do valor, do capital, desvinculado da valorização do ser humano, o valor real. Ambos, Heschel e os pensadores frankfurtianos, pressentem nesse constante processo de reificação a raiz da crise de civilização, pela qual tem passado a pós-modernidade desde a segunda metade do século XX.

---

41. Op. cit., 26.

A agonia do homem contemporâneo é, da perspectiva hescheliana, a agonia de um tipo espiritualmente atrofiado. Nessa atrofia espiritual está a raiz do eclipse racional e humano na pós-modernidade, definida por Heschel como sendo a era pós-Auschwitz e pós-Hiroshima. A desumanização histórica está, desse modo, intimamente conectada à desumanização epistemológica. O niilismo e o cinismo contemporâneos seriam para Heschel apenas seus sintomas. O pensamento ocidental, seguindo modelos positivistas e objetivantes, estaria então formulando a questão humana de uma forma equivocada. Perguntamos: "O que é o homem?". No entanto, a verdadeira questão deveria ser: "Quem é o homem?". A pergunta "o que" remete ao mundo das coisas, à tipologia animal ou mecânica do ser humano, que é encarado como coisa. Por outro lado, a pergunta "quem" remete à identificação de uma pessoa. Enquanto o ser pode ter uma explicação, pois uma coisa é por definição finita, uma pessoa é ao mesmo tempo um mistério e uma surpresa. Cada pessoa é única e inefável. Heschel, à maneira de Scheller, afirma que a pessoa não é uma coisa, pois seu sentido é inesgotável. As definições do homem como animal ou como máquina oferecem, no máximo, explicações para o funcionamento humano em comparação aos seres não humanos, como uma coisa no espaço, sem levar em conta sua consciência. Heschel aponta, por outro lado, a limitação dessas visões do homem: o que importa não é se eu funciono ou se eu sou; a questão última para a pessoa humana é saber *quem* sou.

Quem sou eu? Tal questão não pode ser respondida apenas considerando-se a natureza da espécie humana. É necessário considerar também a situação da pessoa. O que é esse adjetivo (humano) que qualifica o ser humano? O homem deixa de ser humano se a sua condição humana desaparece. Pois não é em qualquer condição que o homem pode continuar humano. A espécie *homo sapiens* poderia tomar um rumo histórico no qual sua humanidade desaparecesse: "Assim como a morte é a liquidação do ser, a desumanização é a liquidação do ser humano"⁴². Para permanecer humano, o homem precisa saber o que significa a condição humana e como preservá-la. Não apenas a eugenia nazista, dos anos 1930 e 1940, mas também a engenharia genética do final do século XX e a noção de zoológico humano que recentemente apareceu em autores alemães testemunham a possível desumanização radical irrompendo nos poros da civilização moderna. Em Kurz, que define a modernidade a partir da noção de sociedade do trabalho⁴³, a crise do trabalho, nos anos 1990, cria como fruto da globalização as condições para o incremento da exclusão social. A condição do homem moderno está, como nunca, sendo atacada de modo radical. A filosofia hescheliana, dessa forma, parece ter muito a dizer a nós hoje.

Conhecer-se, segundo o pensamento hescheliano, é ir além do *cogito* cartesiano. A constatação de sua própria existência, "penso, logo existo", é apenas o início do autoconhecimento: "Quem é o eu que existe?". Justamente o "eu" não é conhecido, esse "eu" que está aqui e agora. Heschel afirma que há uma dimensão maravilhosa existente na constatação da possibilidade de existir um "eu" que se pergunta. O ser humano, visto desse ângulo, tem uma dimensão misteriosa, que é profunda demais para ser analisada completamente. O conhecimento do homem que é oriundo da ciência moderna apresenta-se para Heschel como uma simplificação. Explicar de forma objetiva o homem é simplificá-lo, é não levar em conta suas raízes existenciais profundas.

---

42. Op. cit., 16 e 29.
43. KURZ, *O colapso da modernização*. Ver também GRUPO KRISIS, *Manifesto contra o trabalho*, São Paulo, Labur, 1999.

■ Aspectos da existência humana

O ser humano, em seu caminho de humanização, procura por algo que está além dele mesmo. Sua condição é sempre dinâmica, podendo sofrer ascensões e quedas. Heschel propõe que o homem, para melhor conhecer sua peculiaridade existencial, compreenda sua condição humana sem fazer comparações. Mas como falar do homem sem compará-lo? Reconhecendo, em primeiro lugar, no ser humano, um valor essencial, que vai além do mundo das coisas. A aura, noção que Benjamim desenvolve a partir de seu estudo de Baudelaire, está na dimensão transitória da obra de arte, antes da época de sua reprodutibilidade técnica, sendo sua singularidade. Heschel reconhece a aura como estando na pessoa. Ela, a pessoa, é uma singularidade dentro do mosaico da humanidade. Cada pessoa é uma novidade indefinível, um ser de um valor inefável. Mesmo sendo inefável, e nisso apenas comparável ao divino, é possível, segundo o pensamento hescheliano, encontrar algumas características que distinguem a dignidade da condição humana.

Preciosidade

A primeira característica é a preciosidade. O ser humano é precioso. Segundo Heschel, a pessoa é a única entidade no espaço à qual a santidade é associada. Os objetos são tornados sagrados em virtude do homem e pelo homem: "A vida humana é a única coisa considerada intrinsecamente sagrada, a única coisa de supremo valor"[44]. É na contemplação que essa diferença entre a pessoa e as coisas pode ser notada. Uma coisa é percebida, uma pessoa, por outro lado, é encontrada, é reconhecida. A coisa é um ente exterior. A outra pessoa nunca é um ente completamente exterior, pois sempre reconhecemos

---

44. HESCHEL, *Who is man?*, 33.

nela algo de nossa essência. Em outras palavras, a outra pessoa é encontrada em uma situação que nos envolve. É por isso que o conhecimento do homem nunca pode ser reduzido apenas ao conhecimento obtido através das ciências naturais, como propõem várias ideologias modernas.

A única maneira de compreender o ser de outro homem é encontrá-lo "aqui e agora", ou seja, encontrá-lo como realidade presente. Esse encontro só é possível se o homem, que deseja travar o encontro, estiver consciente de seu próprio ser. Sem o autodespertar, não há o despertar para o outro. Isso porque "meu ser nunca é para mim uma pura ontologia, ele nunca pode ser experimentado como um puro fato"[45]. A pessoa nunca é completamente indiferente ao seu próprio ser "aqui e agora". O olhar objetivado e empobrecido vê o outro de forma comparativa. Surge disso a ideia do "homem mediano" das estatísticas. Mas esse homem mediano é pura abstração. Observando-se, a pessoa reconhece a si mesma como única, extraordinária, preciosa e incomparável. Ao contrário do que propõem as novas ideologias da reengenharia de mercado, Heschel advoga que ninguém é, de fato, substituível.

Conhecer o outro é, desse modo, relacionar-se com ele. O relacionamento com o outro é, no entanto, de ordem diferente do relacionamento com o animal. Diante do animal, o homem está diante da alteridade; diante de outra pessoa, o homem está também sempre diante de si. Só é possível conhecer o outro no encontro e na identificação com sua situação. O conhecimento do outro é *páthos*, da mesma forma que a relação com Deus se dá na identificação com o *páthos* divino. Para conhecer outra pessoa, não basta mirá-la, analisá-la e compará-la de fora. É igualmente necessário que haja uma troca emocional, pois só assim a outra pessoa poderá ser realmente

---

[45]. Op. cit., 34.

conhecida em sua situação singular. O conhecimento do homem é, portanto, de uma ordem qualitativamente diferente do conhecimento que pode ser obtido pelas ciências naturais.

Singularidade

A singularidade do ser humano é reconhecida a partir do encontro com a pessoa. Enquanto os outros seres estão determinados por leis naturais, o ser humano frequentemente é obrigado a escolher. Suas atitudes e ações não podem ser previstas como se emanassem dele feito radiação. Nem estão completamente escritas em seu código genético, como atos instintivos. Dessa forma, o curso de uma vida é sempre imprevisível, e ninguém poderá escrever sua biografia por antecipação. Cada pessoa vive sua biografia como uma obra original, pois é impossível viver a vida de outro. A originalidade de cada vida humana é somente comparável, como já foi dito acima, à originalidade da obra de arte. O ser humano tem a capacidade de criar eventos, e por isso cada ser humano é uma novidade.

Com relação à pessoa, as generalizações e as teorias falham em tentar entendê-la. Somente o homem moderno, alienado de si, cria sua identidade abstrata pela comparação[46] permanente e constante com o outro. Essa comparação constante produz, segundo Scheller, o ressentimento, que é a característica mais forte no *éthos* do burguês moderno. Ela já é em si um fruto da alienação sem transcendência da época atual. Em Heschel, a consciência de sua própria singularidade, acessível ao homem espiritualmente acordado, é o fundamento para a compreensão da singularidade do outro.

É na face humana que a singularidade de todo homem pode ser apreendida imediatamente. Heschel afirma que a face é uma mensagem

---

46. Sabemos disso por auto-observação: a existência humana está além da simples comparação.

transmitida mesmo quando a pessoa se cala: "Não é a face humana uma mistura de mistério e significado?"[47]. Toda a dimensão singular da face, e por conseguinte da pessoa, é apreendida do simples fato de que nenhuma face é exatamente igual a outra. E mesmo a face não permanece a mesma por mais que poucos instantes: "A mais exposta parte do corpo, a mais bem observada, é a que menos se pode descrever, um sinônimo para a encarnação da singularidade. Será que podemos olhar uma face como se ela fosse um lugar-comum?"[48].

Nesse ponto encontramos outra convergência no pensamento de Heschel. Desta vez, porém, é com outro filósofo do judaísmo, da segunda metade do século XX. Trata-se de Lévinas. Tanto Heschel quanto Lévinas dialogam com o pensamento da modernidade a partir de sua herança judaica. Heschel trazendo ao Ocidente a mensagem da mística hassídica e Lévinas trazendo a mensagem do racionalismo lituano, *mitnagued*. Na ética do "humanismo do outro homem", Lévinas aborda a singularidade do rosto humano. Lévinas afirma que "o rosto fala-me e convida-me, assim, a uma relação sem paralelo com um poder que se exerce, quer seja fruição quer seja conhecimento"[49]. No encontro existencial com o rosto do outro, está a base do reconhecimento de sua humanidade, reconhecimento este que é a base de toda ética. Refletir sobre o judaísmo depois da Auschwitz só é possível avançando-se na crítica à desumanização, a partir de uma afirmação radical do humano.

O nome, além do rosto, é outra característica da singularidade de todo ser humano. Nomear é confirmar essa singularidade presente em cada indivíduo da espécie humana. Mais do que mero apêndice outorgado, cada pessoa clama por um nome. O nome, portanto, é uma confirmação da singularidade da vida de cada pessoa,

---

[47]. Heschel, *Who is man?*, 38.
[48]. Ibid.
[49]. LÉVINAS, EMMANUEL, *Totalidade e infinito*, Lisboa, Edições 70, 1980, 176.

que é intuitivamente percebida na face humana. Todo ser humano é um original.

Universo interior e oportunidade

A existência humana é, em si mesma, uma oportunidade de desenvolvimento e criação única. Isso ocorre devido à existência da vida interior, do universo interno de cada um. Internamente, do ponto de vista de sua mente, o ser humano é comparado por Heschel a um labirinto inexplorado e inexplorável, que está em permanente relação com a vida exterior. Desse modo, enquanto a vida do animal é um contínuo quase previsível, ninguém pode prever que atitude tomará uma pessoa. A vida de uma pessoa é portadora de um potencial imenso para criar eventos, que são as contas no cordão da história, tanto pessoal quanto coletiva, dos homens. O animal vive a história natural, sua vida é um processo dentro dos ciclos cósmicos. Já o homem é capaz de criar eventos que modificam os processos. A história humana está em uma categoria diferente da história natural.

Ao ver uma criança, não é possível saber quem ela irá se tornar. Esse potencial, que é devido à existência do mundo interior da pessoa, da alma, torna cada ser humano uma surpresa e um enigma. O enigma do ser humano está não apenas no que ele é agora, mas no que ele é capaz de se tornar no futuro. A dignidade da condição humana está conectada às inúmeras possibilidades e oportunidades, que são fruto dessa dialética entre seu mundo interior e o exterior. A questão humana não pode ser, portanto, concebida apenas como questão nos termos do mundo da *physis*. Antes, ela deve ser percebida em termos pessoais, o que implica ir além do mundo da *physis*, pois está relacionada ao tempo da vida. Somente as categorias pessoais podem dar conta de entender o ser humano de um modo profundo e não distorcido.

Não finalidade

Heschel afirma que o homem é um ser em fluxo. As definições falham justamente por quererem apresentar o homem sob uma forma estanque. Essas definições terminam por impor uma finalidade fixa no caminho do homem que, de fato, não é humana. Baseiam-se em comparações com o não humano, com o menos que humano. O homem, de acordo com Heschel, existe em permanente mutação. Essa mutação, porém, não se apresenta como uma teleologia, uma finalidade dada de antemão. Heschel chega mesmo a afirmar que a finalidade e a humanidade são mutuamente excedentes: "Será que o homem continua o mesmo do berço até o túmulo, da caverna até o foguete espacial?"[50]. É possível perceber o caminho que a humanidade traçou apenas olhando os passos que foram dados. Nunca é possível saber quais serão os passos e o caminho que a humanidade trilhará.

Esse fluxo, que é o ser do homem, existe em uma tensão entre polaridades que o empurram ora para a superação, ora para a involução. O homem definitivo e libertado, contudo, permanece como um ser não nascido. O homem só pode ser encontrado na polaridade entre ser uma tentativa indecisa e inquieta e um fim fixo e determinado. A qualquer tentativa de fixar um padrão, o homem responde com submissão e ao mesmo tempo com insurgência.

As muitas faces do homem são ao mesmo tempo apócrifas e canônicas. Todas fazem parte da tensão constante que gera o "vir a ser" do homem em seu caminho de fazer-se humano. O homem está sempre em um estado incompleto. A pessoa está sempre em um *status nascendi*[51]. Não há um estado permanente no homem, ao contrário do animal, que evolui, mas não deixa a animalidade. Este último é todo explícito em seu comportamento, enquanto o homem

---

50. Heschel, *Who is man?*
51. Op. cit., 41.

é "profundamente implícito". O cultivo da humanidade se dá como oportunidade feita momento a momento.

■ O homem faz sua história

Apesar das teorias da relatividade e da mecânica quântica, para o pensamento moderno o tempo sempre aparece em contraste com o espaço. Para o pensamento bíblico e para a mística judaica, o tempo é sempre contrastado com a eternidade. O finito é deduzido do infinito, pois a consciência do finito, que é o tempo da existência, é pensada em relação com o infinito, a eternidade. Esta última é uma qualidade divina. Deus é a essência do real para os místicos judeus. Em Heschel a essência da consciência da vida é principalmente temporal. A história, o tempo humano, está ligada, pelo calendário, à eternidade dos ciclos cósmicos, dos eventos e processos. É no calendário, afirmam tanto Heschel quanto Benjamim, que o tempo humano se torna o tempo da experiência cósmica. A história não é composta apenas de processos. De quando em vez, eventos imprevisíveis ocorrem, alterando o curso da existência pessoal e coletiva. As pessoas, não sendo coisas, não existem apenas como entidades espaciais e, por terem consciência do tempo, são sujeitos. O sujeito é capaz de influir no curso do processo criando eventos.

Ao tomar consciência de si como pessoa, o homem toma consciência também da possibilidade de criar eventos. O ser humano, não sendo uma coisa, uma substância, é um "momento que acontece", não apenas um processo, mas uma sucessão de atos e eventos. Tanto em Heschel quanto em Scheller, a pessoa existe em atos. Nos atos e nos eventos a pessoa pode transcender-se, criando sentidos e valores para além de si. Ser humano significa ter intenção, ser capaz de decidir e alterar as coisas, não apenas reagir às circunstâncias. Os processos podem ser regulares e segundo um padrão permanente. Os eventos, por outro lado, são extraordinários e irregulares. Os processos são típicos, e os eventos são únicos. Os processos dependem da realidade física, mas nem todos os eventos, que os seres humanos criam, são redutíveis ao mundo físico. Heschel aponta para outro exemplo: "A vida de Beethoven afetou toda a história da música e, no entanto, fisicamente afetou menos o mundo do que um furacão ou um terremoto"[52]. A vida humana é um drama; no entanto, pensada apenas do ponto de vista dos processos biológicos, torna-se passividade.

Solidão e solidariedade

Heschel afirma que uma das mais importantes características do homem é a possibilidade de ser independente, de colocar-se à parte do grupo, de diferenciar-se, de resistir, em resumo de estar só. A solidão não é apenas uma circunstância inerente à condição humana, o homem pode escolhê-la. A solidão, como recolhimento interior, é muitas vezes necessária para que a pessoa se restabeleça, encontre o seu centro e cure-se da "histeria social" que caracteriza a vida nas sociedades modernas.

Mas o ser humano nunca está de fato só. Enquanto ser vivente, ele é sempre contemporâneo dos outros. Mesmo querendo colocar-se à parte do grupo, este continua sendo para ele uma referência, em sua trajetória de vida. A verdadeira solidão não é, pois, a negação e o distanciamento dos outros, mas a introspeção. Na introspeção, a pessoa encontra-se com sua própria profundidade, desperta para sua essência, para seu mistério, e "destila sua humanidade". Nesse encontro com sua profundidade, o ser humano descobre que há mais riqueza nele do que ele é capaz de comunicar. A riqueza pessoal interior que é incomunicável imediatamente, mas que pode ser pressentida pelo sujeito e pelos outros, é chamada por Heschel de "nobreza". A nobreza é uma

---

52. Op. cit., 43.

característica da pessoa desperta e não alienada de si, que descobre sua dignidade. Descobrindo-se profundamente humano, despertando sua nobreza, o homem encontra a solidariedade. Esta última não é oposta, mas complementar da verdadeira solidão, que é a introspeção.

O homem só, o Robinson Crusoé em sua ilha, é apenas um conceito abstrato. A pessoa real é envolvida pela comunidade. Para o homem, "ser" sempre implica "ser com" outros seres humanos. A existência humana implica a coexistência. O homem moderno, por estar alienado de sua interioridade, por não viver plenamente a vida como solidariedade comunal, desconhece a genuína introspeção e faz da solidão um estado patológico. A sua é sempre uma solidão para fora, um estado narcisista de recusa e descarte do outro. Paralelamente, o homem moderno, sem se dar conta, é levado, pela alienação do trabalho e do tempo morto dos relógios, a viver uma existência massificada, impessoal, reforçada a todo instante pelas modas e pelos *media*. O cinismo moderno, que se manifesta como um estado de desinteresse pelo outro, pelo público e pelo comunal, segundo o pensamento hescheliano, é um sintoma da perda, nesta civilização, do "coração da ação humana"[53].

Existir humanamente implica solidariedade, visto que existir de forma humana é uma consequência da solidariedade humana. A dignidade encontrada em si envolve o respeito e o reconhecimento da dignidade das outras pessoas. A solidariedade é a forma exterior complementar da introspeção humana. A vida humana é também uma vida comunal.

Reciprocidade

Segundo Heschel, o tempo da vida, da existência, manifesta-se segundo uma trajetória de amadurecimento. O que caracteriza a

---

53. Op. cit., 47.

pessoa não amadurecida é sua contínua necessidade de obter coisas. A criança precisa ser protegida e nutrida. Já a pessoa amadurecida se caracteriza por prover aqueles que lhe são caros. A pessoa amadurecida reconhece sua própria existência como uma dádiva. A graça dessa dadiva é o próprio mistério, que nos trouxe a existência. Heschel refere-se ao enigma da existência. A existência nunca deve ser tomada como gratuita, como algo comum. É nesse autorreconhecimento, produzido pelo despertar interior do senso de dignidade, que se move o homem humanizado. A reciprocidade, a vontade de devolver, de restituir a dádiva de existir, é fruto do autorreconhecimento.

"A reciprocidade envolve apreciação[54]." De acordo com o pensamento hescheliano, é exercendo a reciprocidade que o *homo sapiens* torna-se uma pessoa. Torna-se consciente da existência dos outros e de sua ligação sutil com as outras pessoas e com o cosmos. A humanização é um caminho pelo qual a pessoa torna-se sensível aos outros, através da apreciação. É o cuidado e a preocupação com os outros homens e mulheres que torna possível a vida social, como vida humana não alienada. As humanidades, o estudo e o cultivo de si e da cultura são movidas pela valorização do humano e da humanidade em seu conjunto. Tanto os reformadores sociais como os filósofos humanistas são movidos, segundo Heschel, pelo seu cuidado para com os seres humanos. A reciprocidade é basicamente uma forma de amor à humanidade. A reciprocidade é uma *antropofilia* em atos.

No homem, a brutalidade decorre de uma falha em reconhecer a humanidade do outro. Além disso, no homem moderno, a brutalidade é frequentemente encontrada como consequência de sua tendência de ver a outra pessoa como uma generalização, como um rótulo estatístico. Essa despersonalização do outro torna o homem insensível à situação e às necessidades deste. Ao tornar-se insensível

---

54. Op. cit., 46.

à humanidade do outro, o homem desumaniza-se. Pois existir como ser humano é existir em atos; agir de forma desumana e impessoal torna o homem desumano e o faz decair como pessoa.

Visto que a pessoa existe em atos no tempo, a questão do humano é a questão de como agir humanamente: "Nosso primeiro tema, então, não é *o que* é o homem, mas, antes, *como* ele é, não o ser humano como ontologia, mas 'como' ser humanamente, o que é a soma de muitas relações, nas quais o ser humano se envolve"[55]. O projeto humanizador de Heschel torna o "ser" (verbo) inseparável do "como ser". O substantivo "ser humano" é pensado na forma verbalizada "sendo humano"; em outras palavras, ser humano é agir da forma humana, é humanizar. Se a questão original em Heschel era "Quem é o homem?", ela aos poucos vai transformando-se na questão "Como é o homem?". Humanizar-se implica um despertar, uma tomada de consciência e um compromisso com a ação humana.

Santidade

Heschel afirma que é ponderando sobre o mistério da vida, a maravilha de existir, que o homem pode chegar a compreender o enigma e a preciosidade da sua própria vida e da existência de outra pessoa. Ao contrário dos objetos físicos, a vida não é algo que a pessoa possui. O homem é a vida que existe nele. O homem, refletindo sobre a dádiva de viver, pode chegar a compreender que ele é preciosidade e enigma. É justamente nessas categorias, na preciosidade e no enigma, que é sentido originalmente o sagrado. A sensibilidade ao sagrado é universal entre os homens, em todas as culturas e sociedades o sagrado se faz presente. Essa sensibilidade é inerente à condição e à existência humana. Agir humanamente é ser sensível ao sagrado.

---

55. Op. cit., 47.

Heschel afirma que o sagrado pode ser percebido de duas formas, negativa e positivamente. Negativamente, considera-se sagrado aquilo que é posto de lado e separado do resto da realidade, como foco de uma veneração especial. No entanto, é um equívoco supor que o sagrado, em si, é negativo. Sua separação está intimamente ligada ao seu aspecto positivo de singularidade. A singularidade é, pois, a sensação positiva do sagrado. A santidade não é uma qualidade da coisa, como a beleza. A santidade não está contida no objeto, nem em seu interior nem em sua forma, ela o transcende. A santidade pousa sobre a coisa, como uma aura. Ela pode, portanto, ser perdida. A beleza está na forma do objeto, mas a santidade é algo que se relaciona ao seu *status*. Em termos judaicos, a sensação do sagrado, do *kadosh*, é de estar próximo de Deus, pois somente ele é sagrado de per si. As coisas e os seres se santificam aproximando-se dele.

Heschel é um pensador religioso, para quem Deus não é somente real, mais do que isso, ele é concebido, segundo o "panenteísmo" da mística hassídica, como sendo "encontrado" na essência do real. A nervura do real, que é como Chauí denomina o Deus espinosiano[56], serviria para denominar o Deus hescheliano. Há, no entanto, uma importante diferença entre essas duas concepções da divindade, como já foi exposto anteriormente. O Deus espinosiano tem como um de seus atributos fundamentais a extensão, o espaço, entendida como imanente. Em Heschel, a realidade temporal é também um atributo fundamental do divino. Sendo assim, o Deus hescheliano é ao mesmo tempo imanente e transcendente. Pois o tempo é imanente e transcendente. O sagrado hescheliano abarca a totalidade da realidade. A passagem do sagrado para o profano não se dá de forma abrupta, mas em *dégradé*. Há vários níveis de sagrado, níveis esses que vão do sagrado em potencial ao sagrado realizado. A mística

---

56. CHAUI, MARILENA, *A Nervura do Real*, p. 123.

poética está sempre presente em Heschel, sobretudo em sua crítica à civilização técnica.

O sagrado de que fala Heschel vincula-se à contemplação e à experiência da realidade, experiência essa sempre carregada de sentido. A noção hescheliana de sagrado contrapõe-se ao fetichismo da mercadoria. Segundo muitas teorias críticas dos últimos dois séculos, que pretenderam analisar a civilização moderna buscando uma saída libertária, como a marxiana, a frankfurtiana, a situacionista ou, mais recentemente, a teoria crítica do Grupo Krisis[57], o fetichismo está na base da alienação do homem moderno para com sua existência. O mercado e o estado são os dois polos desse fetichismo cujo elo e cimento é a mercadoria, o dinheiro e o trabalho alienado.

Segundo a tese famosa dos jovens hegelianos, como Marx e Moses Hess, essa alienação se processa no momento em que o homem não se reconhece nos produtos de sua atividade. Esse produto tornado independente passa a dominar o seu criador. Em Heschel, essa mesma crítica também está presente, de forma mística e ao mesmo tempo ácida. Os profetas bíblicos, que são um dos modelos de inspiração humanizadora no pensamento hescheliano, condenam constantemente a idolatria como fenômeno alienante. Famoso é o trecho do profeta Isaías que critica a idolatria, observando que o homem toma uma matéria qualquer, como por exemplo a madeira, com uma parte dela faz uma fogueira, com outra faz um objeto para seu uso e com a terceira faz um deus, um ídolo, e se prostra diante dele,

---

[57]. *Grupo Krisis*: Coletivo teórico fundado na Alemanha em 1986 por Robert Kurz, Roswitha Scholz, Norbert Trenkle e outros intelectuais ligados à chamada crítica do valor. O grupo desenvolveu uma abordagem marxista heterodoxa, criticando não apenas o capitalismo, mas também aspectos fundamentais da modernidade e da economia de mercado. Suas análises enfatizam a fetichização do valor, do trabalho e do dinheiro como pilares estruturais da sociedade capitalista. O grupo se dividiu em 2004, resultando na formação de uma nova corrente, o *Grupo Exit!*, liderado por Kurz.

não reconhecendo que foi ele mesmo quem o fez. Os rabinos, no *Midrash*, ligam essa passagem à lenda de Abraão, o patriarca, na loja de seu pai, que era um fabricante e mercador de ídolos[58]. O pseudossagrado substitui na vida cotidiana a realidade existencial pelo virtual. O homem moderno, que se considera o cume da evolução humana, é visto por Heschel como prisioneiro de um fetichismo[59] muito mais grosseiro do que aquele do animista, porque despido de todo elo com a transcendência.

A vida humana é a única coisa inerentemente sagrada no mundo material. Desse modo, o fetiche não apenas se contrapõe a Deus, mas também à pessoa humana. Somente quando o valor é centrado no ser humano é possível superar o fetichismo. O humanismo sagrado da filosofia hescheliana apresenta-se positivamente como um apelo radical em prol do despertar ativo do homem, de superação desta era do esquecimento e do presente perpétuo. O que supõe também uma crítica radical ao modo de vida alienado do homem moderno.

■ A essência do homem

As características da condição humana expostas acima não constituem uma descrição exaustiva de todas as possibilidades do ser humano. Heschel busca descrever o humano sem recorrer a comparações com os seres do campo ontológico não humano. Ele quer demonstrar que o humano tem estatuto próprio, uma dignidade única. Essas características são uma descrição filosófica e poética do homem, e apontam não para uma ontologia do humano como ser, mas para uma dimensão de sentido no ser humano: "A dimensão do

---

58. *Midrash Bereshit Rabá* (Gênesis Rabá) 38:13.
59. Mas não será que certo grau de fetichismo esteja presente em qualquer processo simbólico? É justamente nesta questão que está presente a desconfiança que Heschel manifesta contra o símbolo na vida religiosa.

sentido é tão intrínseca ao ser humano quanto a dimensão do espaço é intrínseca às estrelas e às pedras"[60]. Ela nunca deve ser considerada uma questão meramente teórica, pois remete ao agir concreto do homem no mundo. O sentido não é uma âncora para o ser, mas a direção do seu devir.

A temática do sentido e do significado do ser humano não é exclusiva de Heschel. Em outro pensador ligado à Escola de Frankfurt, Erich Fromm, a mesma temática é abordada. Heschel escreve sobre o significado do humano em praticamente toda a sua obra. É, no entanto, em um texto publicado em 1965, sob o título de *Who is man?*, que esse assunto é abordado de forma mais concentrada. O livro, fruto de uma conferência dada na Universidade de Stanford pouco tempo antes, foi escrito em meio ao clima de agitação social, intelectual e política que tomou os Estados Unidos durante a década de 1960. Foi nesse mesmo contexto que Fromm publicou, em 1968, *A revolução da esperança*. Fromm também criticou as definições de ser humano mais comuns no repertório intelectual ocidental: as concepções de homem-máquina e as várias definições de homem que partem de sua animalidade, como *homo sapiens*, *homo ludens*, *homo negans* ou *homo esperans*[61]. Em todas essas definições de homem, o termo *homo* denota uma classificação da espécie biológica. Fromm também demonstra que essas definições não fazem justiça à pergunta: "O que significa o ser humano?". O sentido do ser humano deverá ser buscado, então, nas condições da existência humana.

É notável o grau de afinidade entre o pensamento desses dois filósofos, que, fugindo da Alemanha durante o regime nazista, refugiaram-se nos Estados Unidos e tiveram seu mais importante momento, como intelectuais e ativistas, na década de 1960. Fromm, o

---

60. Heschel, *Who is man?*, 51.
61. Fromm, Erich, *A revolução da esperança. Por uma tecnologia humanizada*, Rio de Janeiro, Zahar, 1977, 71-74.

judeu secular, que se inspirava diretamente em Marx e Freud, demonstra em sua obra uma influência da tradição judaica, lida de um ponto de vista libertário. Por isso ele é classificado por Löwy como um representante do pensamento messiânico-libertário. Por caminhos paralelos, Heschel e Fromm tornaram-se, nos anos 1960, pensadores que influenciaram o pensamento crítico e vários setores da esquerda norte-americana. Segundo Fromm, o processo de encontro do homem com sua humanidade, sua humanização, passa por uma tomada de consciência crítica da desumanização reinante na sociedade industrial. Essa consciência crítica, segundo Heschel, deveria pôr o homem em contato com seu devir.

O devir, insiste Heschel, não é uma condição impessoal e genérica. Não basta para o homem dizer: "Eu sou"; ele necessita saber "quem é". A questão do sentido para o homem, portanto, é sempre uma questão pessoal. Mas, sendo uma questão pessoal, não é meramente uma questão individual, pois o ser do homem nunca é intransitivo. O homem nunca é apenas um ser para si, porque a pessoa se faz através das relações que trava. O sentido da vida humana é sempre transitivo. Não se trata apenas de justificar a existência de uma pessoa em particular, mas de saber se é justo trazer crianças ao mundo: "Se a existência humana é absurda e miserável, por que deveriam nascer mais crianças?"[62]. Não seria esse, pergunta Heschel, um índice inequívoco da alienação e da crise das diversas sociedades modernas desta época?

De acordo com o que já foi exposto, os animais se contentam em satisfazer suas necessidades, mas será que o ser humano se contentaria em viver em um círculo reiterado de necessidade e satisfação e outra vez? A condição humana tem de enfrentar a questão do que fazer após a satisfação de suas necessidades. O ser humano tem

---

62. HESCHEL, *Who is man?*, 53.

necessidades, mas, ao mesmo tempo, o sentido de sua existência é ser uma necessidade. O imenso poder destrutivo e autodestrutivo que os homens desta época demonstraram possuir aponta, de forma negativa, para a singularidade da humanidade no universo. Mas será o homem um crescimento maligno no corpo do cosmos? Ou será que ele deve servir como cérebro do cosmos? Quem necessita do homem? A abertura para com o transcendente é o meio de compreender o *self* em termos mais largos que o indivíduo.

Para o homem, ser é viver. Viver é, pois, a situação existencial do ser humano. Essa situação envolve dimensões bem mais ricas do que as de uma simples ontologia. Não é suficiente, portanto, vincular a essência humana a uma ideia eterna ou fundante. O humano não é um conceito abstrato, mas uma existência viva. O ser humano deve ser entendido como o "vivente humano". Seu problema mais importante não é ser, mas sim viver. Viver, segundo Heschel, é sempre estar em uma encruzilhada, pois muitas são as forças que atuam sobre a pessoa. Viver humanamente não é apenas existir, mas existir como sujeito em uma situação. A que contexto, no entanto, deve ser relacionado o vivente humano?

O pensamento ontológico relaciona o ser humano a uma entidade chamada de ser. Ao longo da história do pensamento ocidental, essa entidade foi apresentada sob vários aspectos. Tanto nas teologias escolásticas medievais, quanto na filosofia cartesiana e espinosiana, o ser se relaciona a Deus. Muitas vezes, como no platonismo, o ser foi pensado como enraizado na ideia; outras vezes o ser foi pensado em relação à totalidade. O ser heideggeriano é meramente a forma atual, pós-holocausto, de como essa posição filosófica é apresentada. Heschel lembra que há pelo menos outra forma de pensar essa questão. O homem bíblico, por exemplo, compreende que o ser humano é mais do que um ser: ele e um "vivente", um devir em fluxo. A transcendência para o homem bíblico não é o ser, mas uma transcendência de outro tipo: o Deus vivente. Toda a mística judaica inspirada no *Zohar*, como o hassidismo, afirma que Deus não é um ser (supremo) entre os seres. O ser e o nada são igualmente provenientes do *Ein Sof*, a raiz infinita do real. Rehfeld[63] concorda com essa afirmação e demonstra que segundo o homem bíblico o próprio nome divino YHWH tem um sentido de "vir a ser". Em grego, há duas palavras para dizer "vida": *bios* e *zoe*; a primeira se refere à vida orgânica mortal, e a segunda, à vida espiritual eterna. Em hebraico há apenas uma palavra para dizer "vida": *haim*. A noção de *El Hai Vekaiam* ("Deus Vivo e Eterno") refere-se à atividade criativa divina. A vida, pensada desse modo, é a atividade criativa que se expressa através do orgânico e do espiritual. Deus, nesse sentido, é o vivente infinito que dá origem ao vivente finito.

O pensamento ontológico entende o ser como a essência do real. O pensamento semita bíblico entende o vivente como a essência do real. Para o pensamento hescheliano, desse modo, a solução ontológica é simplesmente uma solução verbal, conceptual e, em última palavra, morta. O homem é um vivente, e não apenas um ser com vida, pois sua existência é sua vida. Como a vida, tem sempre um propósito; ser apenas, sem vida e sem um sentido, é para o homem a mesma coisa que não ser. A questão mais profunda do homem, nas palavras de Heschel, seu dilema fundamental, é encarar a transcendência essencial como viva ou como morta.

Para o homem bíblico, como o vivente vem antes do ser, este último é sempre um devir: "O ser não é tudo para ele"[64]. A essência do real é para o pensamento bíblico um fluxo vivo. No pensamento grego, em Parmênides por exemplo, o não ser é inconcebível, o nada é impossível. Para o homem bíblico, o nada, entendido como o fim do ser, não é uma impossibilidade, o ser é sempre finito. O ser não é

---

63. REHFELD, *Tempo e religião*, 92.
64. HESCHEL, *Who is man?*, 70-71.

nunca entendido como sendo a nervura do real. Para o homem bíblico, o ser é criação, um mistério. A teologia ontológica pensa o ser relacionado ao Ser. A mística judaica, de raiz semítico-bíblica, pensa o ser como criação, como ato divino. O ato divino é eterno, e a criação uma atividade contínua. Diz o texto da liturgia judaica tradicional: *Há mehadesh bekhol iom tamid maassé bereshit* ["Aquele que renova todo dia constantemente o ato da criação"][65]. O mundo e o homem estão sempre sendo recriados. Desse modo, não há, segundo o pensamento hescheliano, o ser como ser, há apenas um contínuo "vir a ser". Em Heschel, a dialética rabínica apresenta-se como dialética da existência.

O homem não é um ser como uma essência eterna, mas um "vir a ser" que existe entre duas polaridades. Essas duas polaridades dão o sentido ao seu vir a ser. Como vimos no primeiro capítulo, o espírito e a animalidade, o anjo e a besta são os dois polos dialéticos que movem profundamente o "vir a ser" do homem, segundo a filosofia hescheliana. Essa contradição dialética é a raiz de sua singularidade no universo. Os atos humanizantes emanam como possibilidade de libertação, que busca a existência consciente. O curso da vida, entretanto, é imprevisível. A existência humana se estende assim, entre o finito e o infinito, como um percurso sem teleologia. Usando uma metáfora retirada da física quântica, para o pensamento hescheliano, o ser humano não é uma partícula sólida, claramente localizável e com massa ponderável; ao contrário, ele é como uma onda, cujo vetor e percurso dependem do sentido que ele busca dar para sua existência.

"O homem é uma fonte de sentido imensa e não uma gota no oceano do Ser[66]." O homem existe em um universo de significação como uma fonte de significado. Como as estrelas são fontes de luz,

---

65. *Sidur* (livro de rezas), liturgia diária de *shakharit* (serviço da manhã), bênçãos do Shemá.
66. Heschel, *Who is man?*, 64.

o ser humano é fonte de significado. Não há, portanto, como ser humano e não fazer sentido. Esse sentido é encontrado e atualizado na trajetória de vida da pessoa. Se o sentido dos atos do homem se liga a uma saudade da animalidade, então a animalidade será buscada. Se, por outro lado, o sentido dos atos do homem é a espiritualidade, então o homem se reconhece como necessidade divina, como parceiro de Deus na construção de si. A humanização precisa ser buscada e cultivada.

Em sua atual condição, o ser humano está em continuidade tanto com a natureza orgânica como com a vibração infinita do espírito divino: "Minoria no reino do ser, o homem encontra-se em uma posição intermediária entre Deus e o animal. Incapaz de viver sozinho, tem de comungar com os dois"[67]. Qualquer pensamento que renegue uma das polaridades incorre no idealismo ou na vulgaridade. Sem aceitar essa polarização, que existe no coração de sua existência, o homem não é capaz de compreender o sentido que devem ter seus atos.

O ser humano tem mais significado do que ele pode imediatamente perceber. Por suas limitações e perversões, a ligação com Deus pode ser traída, mas nunca rompida. O ser humano é o "nó onde o céu e a terra se entrelaçam"[68]. A ação humanizada é entendida por Heschel como "obediência livre" à vontade divina de criar e redimir o humano. Paradoxal para a mente moderna, é de um modo teocêntrico que o pensamento hescheliano constitui-se em um humanismo libertário. Os humanismos modernos têm em geral a característica comum de serem filosofias seculares. A antropologia hescheliana, entretanto, tem caráter religioso. Essa antropologia não nega as necessidades pessoais, mas afirma que é indo além das necessidades individuais, sempre míopes, que se pode encontrar o sentido do

---
67. Heschel, *O homem não está só*, 218.
68. Op. cit., 220.

homem, pois "o homem é sentido, mas não o seu próprio sentido [...]. O eu é uma necessidade, mas não sua própria necessidade"[69].

O homem não é um animal adjetivado, nem a materialização de uma ideia eterna. Sendo mortal, o pó da terra, ele pode humanizar-se como imagem divina. Eis aí a agenda humanizadora de Heschel. Em vez de ter símbolos, ídolos ou fetiches; em vez de se reificar na mercadoria e na incessante satisfação de suas necessidades, o homem deve ser o símbolo vivo dessa transcendência buscada. Isto é, através do seu agir, o *homo sapiens* pode fazer-se humano. Essa é a tarefa sagrada que compete ao homem realizar. Sendo agente de sua humanização, ele torna-se sócio de Deus em sua autocriação.

Essa "dualidade não está baseada no contraste entre a alma e o corpo e nos princípios de bem e mal. Diferente dos pitagóricos, a Bíblia não se refere ao corpo como sepultura e prisão da alma, nem mesmo como local ou fonte do pecado. A contradição está no que o homem faz com sua alma e com seu corpo. A contradição está nos seus atos em vez de em sua substância"[70]. A dualidade implica a contradição entre a grandeza e a insignificância. O ser humano é sagrado não porque sua substância assim o seja, mas porque, tendo consciência da transcendência sagrada que o envolve, ele pode se santificar através de sua existência.

Kaplan, que chama a atitude filosófica hescheliana de "poética da piedade"[71], afirma que Heschel preserva tanto a transcendência divina quanto a liberdade humana. Ao afirmar que o ser humano é a imagem divina, faz com seu pensamento dois movimentos. Primeiramente, ele nega que a imagem e qualquer símbolo feito pelos homens para representar o divino tenham alguma validade além da psicológica. Ou seja, não apenas o objeto simbólico não é divino, mas em última análise

---

69. Op. cit., 221.
70. HESCHEL, The concept of man in Jewish thought, 127.
71. KAPLAN, *Holiness in words*, 21, 28-30 e 49.

ele afasta a consciência humana do Deus vivo. Heschel chega a afirmar que o judaísmo construiu-se, desde suas raízes bíblicas, em contraposição à religião simbólica. Esta última levaria, no final, à troca da relação e do encontro com Deus pelo símbolo e ao fetichismo. Em segundo lugar, ao afirmar que o ser humano vivo é o símbolo de Deus, Heschel deixa claro que não é a substância humana que é divina, mas que é através de suas ações que o ser humano torna-se o veículo da manifestação de Deus no mundo. A distinção é entre o símbolo e a *mitzvá* ("obra"), entre a religião da representação e a religião da atitude.

> Os símbolos têm um *status* psicológico, não ontológico; eles não afetam nenhuma realidade, exceto a psique do homem. As *mitzvot* afetam Deus. Símbolos são fugidios, *mitzvot* são transcendentes. Símbolos são menos do que o real, *mitzvot* ("obras") são mais que o real[72].

Essa citação ilustra o ponto de vista hescheliano de uma religião não simbólica, total, ou grandemente, voltada para a mística da ação. Heschel não é um anti-ritualista, mas afirma que as cerimônias têm apenas o propósito de significar, enquanto a *mitzvá* ("obra") tem o propósito de santificar. A religiosidade baseada no ritual é alcunhada por Heschel de "behaviorismo religioso". Do ponto de vista da perspectiva hescheliana, a religiosidade profunda é aquela em que o ser humano busca expressar a preocupação divina com a situação real dos homens, tornando-se ele próprio o veículo da obra redentora. Essa obra redentora, a *mitzvá*, não é mera atitude exterior, mas ela só será real se motivada por um desejo íntimo de acordar a alma, unindo-a a Deus através do cuidado com os homens.

Os símbolos não vão além da experiência visível, espacial, mas a obra conecta o tempo da existência (experiência da intimidade e da

---

[72]. Op. cit., 139-141. Ver também HESCHEL, *O homem à procura de Deus*, 141-144.

interioridade) com a santidade. A religião não é apenas ética, embora não se possa falar em verdadeira experiência religiosa sem que esta se reporte à ética da humanização. O homem moderno, o burguês, vive, quando muito, uma religião cerimonial, estética, que o reconduz sempre ao fetichismo. Para esse homem, Deus de fato não existe, e por isso a obra tem valor apenas no mundo da aparência, como espetáculo encenado perante as *media*. O homem hescheliano, o *mensch*, por outro lado, é misticamente movido pela vontade de trazer a presença divina ao mundo dos homens, renegando de modo iconoclasta o meramente estético e a atitude de conveniência. Tornar-se símbolo de Deus é, para ele, compartilhar sua humanidade, fazê-la florescer.

"Este, porém, é um tempo para chorar. Tempo em que ficamos envergonhados de sermos humanos"[73]. O homem moderno está muito orgulhoso de sua civilização tecnológica. Sente, no entender de Heschel, um falso senso de soberania. Mas esse orgulho alienado teria como resultado uma grande humilhação. O mal-estar na civilização, sentido por muitos após Auschwitz e Hiroshima, o mal-estar perpetrado pela Guerra Fria e pelo consumismo vazio, terminaria por levar o homem moderno à crise de sua civilização. O futuro da humanidade depende do grau de reverência dado à pessoa pelo homem individual. Essa reverência não pode ser apenas o fruto de uma ideia ou de uma declaração, pois é necessário que o ser humano faça de si mesmo parceiro de Deus através do seu modo de viver.

Heschel afirma que, nos diálogos socráticos, a pergunta: "O que é o homem?" é respondida. O homem é declarado uma criatura em constante busca de si, uma criatura que em todo momento de sua existência precisa examinar-se e analisar as suas condições. O ser humano seria, assim, um ser em busca de um sentido. Em contraste com o ponto de vista platônico, Heschel faz uma afirmação diferente.

---

73. HESCHEL, *Who is man?*, 14.

Cita o Salmo 127,1, em que se lê: "A não ser que o Eterno construa a casa, aqueles que trabalham nela a constroem em vão". Ele, então, conclui que a busca por um sentido torna-se vã, se não houver um "sentido" em busca do homem. O que salvou os profetas do desespero? A visão messiânica da capacidade do homem de gerar ações de reparação e arrependimento. Neste ponto podemos notar que o humanismo sagrado hescheliano caminha no sentido de se tornar uma filosofia da ação.

Salto de ação

> Há um caminho que vai da piedade à fé. Piedade e fé não são necessariamente concorrentes. Podem haver atos de piedade sem fé. Fé é uma visão, sensibilidade e dedicação a Deus; piedade é uma tentativa de atingir essa sensibilidade e dedicação. Os portais da fé não estão entreabertos, mas a *mitzvá* é uma chave. Vivendo como judeus, podemos atingir nossa fé como judeus. Não alcançaremos a fé por causa dos atos; podemos alcançar a fé mediante obras sagradas [...]. O problema que nos desafia é: como podemos viver de um modo que esteja em harmonia com tais convicções?
>
> Abraham Joshua Heschel[1]

O humanismo religioso de Heschel enfatiza a centralidade do homem no pensamento judaico. Segundo Heschel, a afirmação mais importante das Escrituras é encontrada nos versículos do primeiro capítulo do Gênesis, que descrevem o ser humano como sendo formado segundo a imagem de Deus. Ou seja, a vida humana possui um valor infinito. Essa imagem é entendida por Heschel em um sentido existencial e não ontológico. O homem realiza seu potencial de ser a imagem divina através de suas ações, tornando-se o veículo de

---

1. HESCHEL, *Deus em busca do homem*, 384.

manifestação da vontade divina, através da prática das *mitzvot*, ações divinamente comandadas na Torá, que, segundo a interpretação judaica, têm como objetivo santificar o homem, isto é, atualizar nele esta imagem.

Há, portanto, segundo Heschel, uma vontade humanizadora transcendente que, quando posta em prática pelo homem, torna manifesta através dele a imagem divina. No livro *Deus em busca do homem*, de 1955, Heschel define o homem como sendo uma necessidade de Deus. Essa noção, derivada da mística judaica, afirma que Deus necessita do homem para que através dele possa realizar na história humana o *tikun*, isto é, o concerto redentor, pelo qual o *homo sapiens* por seus próprios atos virá a se humanizar. A humanização, como podemos ver, sendo uma tarefa do próprio homem, é também um ato sagrado. É dessa forma que Heschel interpreta o versículo bíblico, que declara: "Deveis ser santos, como vosso Deus é santo" (Levítico). O homem torna-se, desse modo, sócio e parceiro de Deus em sua autocriação.

Essa interpretação hescheliana do sentido da *mitzvá* é a transposição para a linguagem moderna da noção rabínica de *mitzvá*. Segundo a interpretação tradicional, resumida na fórmula da bênção: "Bendito sejas Tu, Eterno, nosso Deus, Rei do universo, que nos *santificaste* com teus mandamentos e que nos ordenaste"[2], que é pronunciada antes de várias *mitzvot*, a realização de uma *mitzvá* santifica aquele que a realiza. Santificar tem aqui um sentido de imitar o ato divino, de aproximar o homem de Deus, de atualizá-lo como imagem divina. Essa noção da importância da *mitzvá* perpassa toda a tradição judaica.

---

2. Os rabinos ensinaram no Talmud que as bênçãos têm uma fórmula constante que sempre deve começar com uma exaltação do nome divino. A bênção dita antes da realização das *mitzvot* tem como função lembrar ao homem que as cumpre que elas só têm sentido se realizadas com consciência.

Comentando esse mesmo tema, Harold Kasimow cita as palavras de um cabalista europeu do século XVII, Isaias Horowitz[3], que afirmava que através das *mitzvot* o ser humano torna-se uma "carruagem" para a ação divina neste mundo. Essa noção mística do ser humano como carruagem, veículo da ação divina, tem uma grande influência no pensamento de Heschel. Segundo ele, é precisamente na possibilidade de o ser humano tornar-se o veículo da vontade divina que está a chance de superação da atual condição histórica. Heschel sobre isso comenta:

> Nenhum ato particular, mas todos os atos, a vida em si mesma, pode ser instituída como um elo entre o homem e Deus [...]. Aquilo que o homem faz em seu canto escuro é relevante para o Criador [...]; assim como a racionalidade dos eventos naturais é assumida pela ciência, a divindade dos atos humanos é assumida pela profecia[4].

Heschel sabe que ele está se dirigindo a um público ocidental para quem tais metáforas estavam muito distantes. Mesmo nos círculos reformistas e liberais em geral, que dominavam a vida intelectual judaica na Alemanha e nos Estados Unidos, a defesa hescheliana da prática das *mitzvot* encontraria forte resistência. Para muitos, o judaísmo deveria ser pensado como uma coleção de princípios éticos, com pouca aplicação prática. O judaísmo é pensado como uma filosofia racionalista, na qual a devoção teria pouca ou nenhuma participação. Isso certamente constituía um problema, pois a *mitzvá* para ser realizada deve ser feita com devoção.

Kaplan lembra que Heschel procura resolver esse conflito instando seus colegas reformistas a superar a racionalização dando um

---

3. KASIMOW, *Divine-human encounter*, 99-100.
4. FIERMAN, MORTON, *Leap of action-ideas in the theology of A. J. Heschel*, Lanhan, University Press of America, 1990, 221.

"salto de ação" (*leap of action*). Temos aqui mais um exemplo da "poética da piedade"[5], para usar uma expressão de Kaplan, típica do estilo hescheliano. Em inglês, existe a expressão *leap of faith*, que poderia ser traduzida por "dar um salto de fé", isto é, acreditar e então agir. Heschel inverte "poeticamente" essa expressão, dando a ela um sentido de agir para, desse modo, crer. Ou seja, pela ação chega-se à devoção. Kasimow nota que para Heschel a *mitzvá* é um dos caminhos para chegar à experiência da presença divina, a *Shekhiná*, sendo os outros caminhos a revelação (a profecia e as Escrituras) e a contemplação do mundo.

O homem moderno, distante do mistério da existência, tem dificuldade de aceitar uma noção tal como a de imagem divina. Esse homem não se vê como imagem, espelho do infinito. Pelo contrário, o homem moderno, cujo modo de viver é a expressão do *éthos* burguês, busca em primeiro lugar a satisfação de suas necessidades individuais. Ele já apresenta, desde seu início histórico, uma tendência ao privado e ao antissocial. Ao sair de si, ele encontra uma pseudossuperação, ora pela animalidade, ora pela deificação das coisas que ele cria. Essa é uma forma alienada de superação porque tanto o animal como a artefato são menos que o humano. O *mensch* hescheliano, por outro lado, por sua ligação e origem na comunidade judaica tradicional pré-moderna, onde ainda eram cultivados valores espirituais, e por sua afinidade com o pensamento libertário-romântico, busca superar-se mirando o infinito. Em Heschel esse romantismo comunitário pode ser verificado no ideal de comunidade que transparece em duas de suas obras: *The earth is the Lord's* (1949) e *Israel an echo of eternity* (1967)[6]. Ele entende que somente através de um

---

5. KAPLAN, *Holiness in words*.
6. HESCHEL, ABRAHAM J., *The earth is the Lord's. The inner world of Jew in eastern Europe*, Woodstock, Jewish Light Publishing, 1995 (1949); *Israel an echo of eternity*, Woodstock, Jewish Light Publishing, 1997 (1967).

caminho existencial, pavimentado de atos e obras, esse homem poderia reencontrar a trilha da fé no transcendental que o conduziria de volta até a própria humanização.

Heschel afirma que o *mensch*, como homem religioso, é instado a dar um "salto de ação" em vez de um "salto de pensamento"[7]. Deve superar suas necessidades, fazendo mais do que ele entende para chegar a entender mais do que ele faz. Praticando as palavras da Torá, ele é conduzido até a presença do sentido espiritual. Através do êxtase dos atos, ele aprende a ter certeza da proximidade de Deus. De acordo com o pensamento hescheliano, viver de forma correta é um caminho para pensar de modo maduro[8]. Desse modo, segundo Heschel, pensar é fazer; crer é praticar; adorar é agir. A obra tem a primazia sobre a fé, ao contrário do que afirmam certas correntes do pensamento teológico cristão que defendem a primazia da graça e da fé sobre as obras. Mesmo a obra feita com pouca devoção, para Heschel, bem como para o hassidismo, é valiosa.

Kasimow parece ater-se aos aspectos ritualísticos da afirmação hescheliana, à ideia de que o homem realiza em si mesmo a imagem de Deus. Ele cita Maurice Friedman para sustentar sua opinião de que Heschel, a quem chama de o "homem da *kavaná*" ("devoção interior"), estaria se contradizendo[9], ao defender a necessidade da devoção interior em outras partes de seus escritos e ao mesmo tempo utilizar-se da ideia de "salto de ação". Tanto Kasimow como Friedman pensam ser problemática essa ideia, pois ela aparentemente contradiz os ensinamentos da agadá, que Heschel busca trazer de volta ao judaísmo moderno. Ele sublinha por meio de suas referências à agadá o espírito da devoção e da pureza ao afirmar que a *Torá* não é apenas lei, mas também o espírito por trás da lei. Esse espírito está

---

7. KAPLAN, *Holiness in words*, 16.
8. FIERMAN, *Leap of action-ideas in the theology of A. J. Heschel*, 221.
9. KASIMOW, *Divine-human encounter*, 97.

ligado à ação da mesma forma que a *halakhá*. No judaísmo rabínico, desde a era talmúdica existe o conceito jurídico de *lifnim meshurat hadin*, isto é, ir "além da letra da lei", com o objetivo de preservar o espírito da *Torá lemaasse*, a *Torá* para a ação. Kasimow, demonstrando uma forte ligação com o racionalismo iluminista, pensa ser inconcebível que Heschel peça para seus leitores modernos fazerem um salto de ação antes que eles alcancem o entendimento e a devoção interior.

O teólogo cristão John Merkle critica[10] a posição de Kasimow e Friedman quanto à ideia de uma ação sem integridade. Merkle faz uma interpretação da teologia profunda que há em Heschel pelo viés existencialista das atitudes, experiências e vivências religiosas, que são os antecedentes da fé. Negando que Heschel esteja sugerindo a ação vazia, despida de integridade, Merkle comenta que o "salto de ação" só convoca aqueles que já querem de antemão encontrar a integridade, a fé e o caminho da humanização: "Heschel clama por um salto de ação, entendendo que apenas aqueles que suspeitam de que a ação possa ter algum valor ou que buscam a fé através da ação irão dar o salto da ação"[11]. Ou seja, segundo Merkle, Heschel não clama por uma ação sem espírito. Alguma espécie de fingimento que fizesse o homem fantasiar que ele é a imagem divina, como em um rito puramente estético. Heschel "está se dirigindo àqueles que anseiam por fé, para que façam atos fé, de modo a dar à fé a possibilidade de florescer"[12].

Segundo Merkle, Heschel propõe uma "pedagogia do retorno"[13], através de uma escala de observância. Essa pedagogia busca proporcionar a volta do homem moderno à experiência de sensibilidade

---

10. MERKLE, *The genesis of faith*, 209.
11. Ibid.
12. Op. cit., 211.
13. Ibid.

religiosa, fundamental para a retomada do caminho da humanização. Somente por meio dessa sensibilidade pode o homem moderno superar o fetichismo que o aliena na sociedade industrial. A sensibilidade religiosa é essencial para o retorno da experiência cósmica de que nos fala Benjamin. Em Benjamin, esse retorno à experiência cósmica, que é fundamental para a emancipação do proletariado, parece estar mais ligado à experiência estática e sensual, como que em uma religiosidade dionisíaca. Não há, contudo, uma indicação clara dos passos a serem dados. A pedagogia do retorno hescheliana, por outro lado, está fortemente vinculada aos modelos das práticas religiosas que o filósofo aprendeu e viveu no mundo de sua infância. Heschel não é menos romântico do que Benjamin, ao propor um retorno à espiritualidade; entretanto, seu hassidismo kotzkiano almeja uma religiosidade bem menos sensual do que a de seu contemporâneo alemão.

Fritz Rothschild, o primeiro estudioso da obra de Heschel, afirma que, de acordo com a fenomenologia religiosa hescheliana, através de atos sagrados é possível experimentar sentidos e significados que não são acessíveis ao mero discurso conceptual: "Contrariamente ao salto de fé proposto por Kierkegaard, Heschel declara que o judaísmo demanda um salto da ação, a prontidão para aprender através do fazer, para participar ativamente na realização do desejo divino"[14]. O homem por inteiro é envolvido pela experiência dos atos sagrados. A *mitzvá* torna-se, então, um meio de ir além de si. A pedagogia do retorno tem desse modo um sentido libertário. Essa ação é humanizadora à diferença do trabalho alienado ou do consumo vazio, porque exige a presença integral da pessoa.

Segundo os escritos de Benjamin, foi o distanciamento da experiência cósmica que levou o homem moderno a viver a decadência da

---

14. ROTHSCHILD, FRITZ, Introduction, in: ID., *Between God and man. An interpretation of Judaism*, New York, The Free Press, 1965, 28-32.

vida comunitária. Mas qual a relação entre os laços comunitários e a vida religiosa? Benjamin é claro ao afirmar que uma não pode existir sem a outra[15]. Antes de Benjamin, Buber, no entanto, já afirmava que, ao contrário da sociedade passível de fundação pelo contrato social, a comunidade só pode ser fundada diante do transcendente. Ou seja, o reencontro e a renovação da vida comunitária não se darão apenas pela ação de um movimento de caráter político.

Tanto Benjamin como Buber imaginam que a superação da sociedade moderna, individualista, reificada e alienada só pode se dar através de um movimento redentor que intentasse renovar a comunidade. Implicitamente eles sugerem que uma vontade coletiva, dotada de uma religiosidade messiânica e libertária, deveria florescer para que a nova comunidade pudesse renascer. Mas como reencontrar uma religiosidade que não seja alienada e organizada segundo os critérios mercadológicos da sociedade do espetáculo? Heschel sugere que a experiência religiosa pode ser reencontrada através da obra. É desse modo que a *mitzvá* pode ser, segundo o pensamento hescheliano, um caminho para a redenção. Não apenas uma redenção coletiva, mas também um autodespertar da pessoa.

Segundo a interpretação que Merkle faz de Heschel, o propósito último da *mitzvá* é a redenção universal[16]. Essa, na verdade, é a posição da mística judaica nos últimos cinco séculos, desde Luria, no século XVI. A redenção não seria, porém, um evento que ocorre em um momento único, mas um processo que flui através do tempo. Os atos humanos seriam elos na corrente da redenção. Deus é o redentor na medida que age através dos homens na história, pois o homem segura as chaves que prendem o redentor. Merkle cita a afirmação de Heschel, que diz que "o messias está em nós"[17].

---

15. BENJAMIN, *Rua de mão única*, 68-69.
16. MERKLE, *The genesis of faith*, 215.
17. Ibid.

A afirmação hescheliana de que através da ação e da obra pode-se chegar à consciência não é completamente desconhecida no pensamento ocidental. Em escolas muito diferentes do pensamento hescheliano ideias semelhantes a essa existem. Para exemplificar, poderíamos citar em primeiro lugar o marxismo, que propôs a ideia de transformação humana através da atividade. Engels, no famoso texto "A humanização do macaco pelo trabalho"[18], sustentava a ideia de que através das atividades comuns de reprodução da vida os pré-hominídeos tinham se humanizado. Essa mesma noção foi continuada por muitos outros autores marxistas que afirmaram reiteradamente que a ação é geradora de consciência e que pela práxis, isto é, pela ação histórica humanizadora, chega-se à superação da sociedade capitalista. Essas ideias marxistas, que constituíram uma filosofia da práxis, tornaram-se muito comuns no século XX.

Também no novo pensamento moralista francês uma noção muito semelhante ao "salto de ação" hescheliano apareceu. André Comte-Sponville, em seu *Pequeno tratado da grandes virtudes*[19], afirma que através da ação pode-se chegar a resultados que vão além da ação em si, mas que já são apontados e dirigidos pela ação inicial. Comte-Sponville afirma que, pela prática consciente das virtudes, o homem ocidental comum pode deixar a vulgaridade e tornar-se virtuoso. As virtudes, para serem verdadeiras, prescindem de que as pessoas que as exercem sejam de fato virtuosas. Pois as virtudes não são um fim em si mesmas, mas um meio para o refinamento do caráter do homem que, através do cultivo delas, poderia alcançar o amor, esse, sim, situado além das virtudes. O cultivo de virtudes, como a boa-fé, a polidez, a fidelidade, a coragem, entre outras, inicialmente

---

18. ENGELS, FRIEDRICH, A humanização do macaco pelo trabalho, in: ID., *A dialética da natureza*, São Paulo, Paz e Terra, 1979.
19. COMTE-SPONVILLE, ANDRÉ, *Pequeno tratado das grandes virtudes*, São Paulo, Martins Fontes, 1996.

exteriores às pessoas que as praticassem, poderia levar à humanização das mesmas. A pedagogia através da ação virtuosa proposta por Comte-Sponville é de fato muito semelhante, neste ponto, à pedagogia do retorno, proposta por Heschel.

A ideia de que a obra tem primazia sobre a fé foi cultivada no Ocidente medieval sendo dominante até o início da modernidade, quando passou a ser considerada secundária e falsa. Grande parte da reforma protestante foi realizada para combater a ideia "católica" do primado da obra sobre a fé e a graça. O protestantismo, que segundo a conhecida afirmação de Weber é mais propício ao desenvolvimento da sociedade burguesa e do capitalismo, combateu a noção do primado da obra ao mesmo tempo em que louvou e quase divinizou a noção do trabalho como via mais importante para a salvação. Na ética burguesa moderna, o trabalho não é considerado um transformador do homem, mas uma forma de o homem transformar e dominar a natureza. Não se trata tanto de uma práxis libertadora, mas, ao contrário, de uma práxis de dominação. Internamente a pessoa guiada pelo *éthos* burguês foi sendo pouco a pouco dominada pela antiética do consumo e do prazer individualista. Não se busca a transformação interior e a humanização, mas o embelezamento do corpo, que pode ser transformado no sentido de se manter sempre jovem e vigoroso, não necessariamente virtuoso.

A noção hescheliana de salto de ação, por seu sentido inerentemente soteriológico, busca tocar de modo emocional aqueles que sentem a vontade de reencontrar no judaísmo uma forma de ir além da naturalização do modo de vida contemporâneo. Heschel, por sua leitura libertária da Bíblia, desenvolveu uma concepção libertária da ação humanizadora, ação esta que tem consequências tanto interiores como exteriores. Interiormente o homem humaniza-se e aproxima-se de Deus. Exteriormente o compromisso divino com a redenção humana é realizado, não de uma vez para sempre, mas no fluxo da história humana, que passa a ser vivida como história da busca pela humanização.

Mas isso não pode ser demostrado, não é observável no mundo moderno, justamente porque o homem moderno encontra-se alienado do compromisso com Deus e, portanto, de sua humanidade. O "salto de ação" é a proposta hescheliana para o homem contemporâneo que em crise com seu próprio modo de vida quer religar-se à presença divina. A *mitzvá* é uma resposta pessoal com um sentido que vai além da própria pessoa, pois ser a imagem divina é também sentir pelo ser humano a mesma preocupação que Deus sente e manifesta através dos profetas no texto bíblico. A *mitzvá* é, desse modo, uma resposta a Deus e um modo de deixá-lo agir na história humana. Pela *mitzvá*, Deus, que é transcendente, torna-se imanente nas obras humanas.

Há, segundo a tradição judaica, dois tipos de *mitzvot*: aquelas que são conhecidas como *mitzvot bein adam lamakon* (mandamentos que regulam a relação entre o homem e Deus), que são basicamente os mandamentos rituais; e também as *mitzvot bein adam lakhaveró* (mandamentos que regulam as relações entre o ser humano e seu semelhante), sendo estas basicamente os mandamentos que regulam a ética do inter-humano. Heschel enfatiza a importância da *mitzvá* em geral, mas ao mesmo tempo parece dar especial importância ao segundo tipo de *mitzvot*. Ao afirmar que a oração é a essência da vida espiritual, Heschel afirma a importância da devoção interior e do primeiro tipo de *mitzvot*. Visto, porém, sob o ângulo do segundo tipo de *mitzvot*, o "salto de ação" consiste em o homem humanizar a sua própria atitude para com o seu semelhante buscando nele a imagem divina. O ensinamento do judaísmo é a teologia do ato comum. A Bíblia insiste que "Deus está preocupado com o dia a dia, com as trivialidades da vida"[20].

---

20. HESCHEL, ABRAHAM J., Jewish theology, in: ID., *Moral grandeur and spiritual audacity*, 154-160.

- Ação social

Heschel confessa em seus escritos que, de início, tinha a convicção de que seu "serviço" (como ele mesmo escreve)[21] seria restrito à dimensão privada da vida intelectual. Dessa posição privilegiada, ele poderia se voltar à investigação filosófica. Mas o próprio curso de sua vida, aliado às influências sofridas, levaram-no a mudar seu caminho e envolver-se cada vez mais em uma militância social que extrapolou muito sua vocação acadêmica. O tipo de humanismo que Heschel advogava em seus escritos, para ser autêntico, exigia de seu autor uma atitude de defesa prática de suas ideias, o que o fez sair do gabinete de trabalho, levando-o para a liderança de vários movimentos no final de sua vida. Arthur Waskow[22] sugere, porém, que desde 1943 é possível encontrar no pensamento de Heschel certo senso de ligação entre suas convicções religiosas e a necessidade de envolvimento social e político. Como foi demonstrado no capítulo II deste estudo, desde os anos 1930 já havia evidências desse engajamento no pensamento de Heschel. A escolha do tema de sua tese, a "consciência profética", influenciada por David Koigen, já sugere o futuro desenvolvimento do pensamento de Heschel, cuja ação social e política vai tomando forma na resistência ao nazismo nos anos 1930.

No artigo "The reasons for my involvement in the peace movement"[23], escrito no final de sua vida, Heschel dá três motivos para seu ativismo político e social. Em primeiro lugar, Heschel se refere à tragédia pessoal, que foi a perda precoce de seu pai e a destruição de sua família, de seus amigos e do mundo de sua juventude em virtude

---

21. HESCHEL, ABRAHAM J., The reasons for my involvement in the peace movement, in: ID., *Moral grandeur and spiritual audacity*, 224.
22. WASKOW, ARTHUR, My legs were praying. Theology and politics in Abraham Joshua Heschel. *Conservative Judaism*, v. 50, n. 2-3 (winter/spring 1998) 144-154.
23. HESCHEL, The reasons for my involvement in the peace movement.

do genocídio nazista. Quando essa tragédia ocorreu, ele já era um intelectual formado. O impacto dessa experiência foi profundo, não apenas sobre o intelectual, mas também sobre o poeta e certamente sobre o religioso. Ao descrever como um "evento" essa experiência, termo cujo significado já foi exposto, é possível entender por que Heschel fala em mudança de atitude. Tal evento serviu para confirmar a tendência libertária de sua filosofia, sempre aliada a uma preocupação para com o sofrimento humano.

O segundo motivo descrito por Heschel foi "a descoberta de que a indiferença ao mal é pior do que o mal em si mesmo"[24]. Novamente esse segundo motivo remete à sua experiência pessoal na Alemanha durante o regime nazista, quando ele sentiu e viveu na pele a indiferença de seus pares e do homem comum à perseguição sofrida por uma parte da sociedade alemã. O cinismo moderno, cuja marca é a indiferença ao sofrimento do outro, foi certamente muito difícil de suportar para alguém como ele, que, antes do período nazista, tinha escrito poemas como os de *Der Shem Hamefoiresh: Mensch*. Fugindo do nazismo e refugiando-se nos Estados Unidos, Heschel havia conseguido segurança pessoal, mas o extermínio dos seus estava ainda muito presente. Novamente Heschel experimentou a indiferença nos meios norte-americanos. Certamente Heschel também reconheceu a simpatia e a compaixão daqueles que, podendo manter-se isolados e distantes, buscavam também fazer algo e organizar a resistência ao nazismo. Entre eles estavam grupos cristãos como os *Quakers* de Frankfurt, para os quais Heschel proferiu uma palestra, em 1938, em sua última tentativa de resistência na Alemanha. Essa palestra foi depois publicada sob o título de *The meaning of this war*. Nesse texto, como demonstra Waskow[25], a linguagem religiosa é colocada em paralelo com o apelo à ação política de resistência à barbárie.

---

24. Ibid.
25. Waskow, My legs were praying, 145.

A indiferença diante do sofrimento alheio é a marca do homem moderno, segundo Heschel. Indiferença que tem como agravante a busca incessante pela satisfação das necessidades individuais. Essa indiferença é profundamente contrária à *mitzvá*, que recomenda: "Não fiques indiferente diante do sangue de seu próximo" (Levítico 19,15). A compaixão não deveria ser fruto de uma piedade especial, mas um ato comandado a todo aquele que vive o pacto do Sinai.

O terceiro motivo que moveu Heschel à ação social foi, segundo ele mesmo, o estudo dos profetas do antigo Israel. A respeito disso, escreveu Heschel:

> Deles aprendi a observar a lerdeza de nossa compreensão moral, a incapacidade de sentir profundamente a miséria causada por nossas próprias falhas. Tornou-se bastante claro para mim que, enquanto nossos olhos são testemunhas da insensibilidade e da crueldade do homem, nosso coração tenta obliterar as memórias, acalmar os nervos e silenciar nossa consciência […]. Existe uma imensa agonia silenciosa no mundo, e a tarefa do homem é ser uma voz para aquele que foi usurpado até a pobreza, para prevenir a profanação da alma e a violação de nosso sonho de honestidade[26].

A responsabilidade moral pelo destino dos homens, em especial dos espoliados e injustiçados, é o principal ensinamento que Heschel retira de seu estudo dos profetas. Essa responsabilidade moral move Heschel para a ação social. Referindo-se ao conceito muito popular nos Estados Unidos de *free society* ("sociedade livre"), isto é, de sociedade democrática, Heschel comenta que "numa sociedade livre nem todos são culpados, mas todos são responsáveis"[27]. Essa máxima será repetida muitas vezes em seus escritos nos anos 1960 e em suas

---

26. HESCHEL, The reasons for my involvement in the peace movement, 224.
27. HESCHEL, *Moral grandeur and spiritual audacity*, xxiv.

aparições públicas em manifestações políticas pelos direitos civis e contra e Guerra do Vietnã. Sobre isso, Kaplan comenta que foi a reverência radical[28] pelo ser humano (corpo e alma) como imagem divina que levou Heschel para o ativismo social. Essa ética inspirada nos ensinamentos dos profetas do antigo Israel criticava o pragmatismo moderno, que, a pretexto de defender a individualidade, estaria na verdade promovendo a indiferença. A noção de eclipse da humanidade, apresentada por Heschel, sublinha a responsabilidade pessoal com relação às questões humanas de nossa era.

Heschel, no entanto, não apresenta soluções políticas ou sociais específicas. Segundo Kaplan, seu principal objetivo teria sido promover a "indignação espiritual"[29] em seus leitores diante dos abusos e violações aos diretos e à dignidade humana. De acordo com Heschel, o testemunho passivo da injustiça contra o outro é um dos maiores sintomas da alienação das massas. Sob esse enfoque, "o muro de separação entre o sagrado e o secular tornou-se o muro de separação entre a consciência e Deus"[30].

Veremos a seguir três exemplos de como o próprio Heschel viveu e pensou o tipo de atitude engajada que ele mesmo propôs. Em três contextos entrelaçados, acompanharemos a noção hescheliana de "salto de ação" e sua preocupação de inspirar seu público e seus leitores.

■ Nenhuma religião é uma ilha

Foi o senso de urgência diante da crescente reificação e alienação da vida na civilização moderna que levou Heschel a identificar

---

28. KAPLAN, *Holiness in words*, 99-101.
29. Op. cit., 53.
30. HESCHEL, ABRAHAM J., Idols in the temples, in: ID., *The insecurity of freedom*, New York, Shocken Books, 1966, 66.

na civilização industrial dos anos da Guerra Fria uma forte tendência para retirar a Bíblia de seu lugar na consciência do Ocidente. O nazismo é, desse modo, interpretado como uma rebelião contra a Escritura por tentar eliminar a noção bíblica de dignidade de todos os homens, baseada na ideia da imagem divina. Mas, mesmo com a derrota do nazismo, o desafio à religião bíblica continuava, pois a tendência à desumanização não tinha sido contida. A pós-modernidade do período da Guerra Fria, com o perigo nuclear pairando sobre as cabeças de todos e o crescente niilismo consumista, era vista por Heschel como uma continuação da crise humana vivida duas décadas antes. O ataque contra a Bíblia seria um desafio tanto ao judaísmo como ao cristianismo, uma vez que ambas as religiões retiram sua inspiração religiosa do texto bíblico.

Esse discurso de Heschel visava mobilizar judeus e cristãos para que juntos atuassem em prol da reafirmação da dignidade humana. Judeus e cristãos compartilham essa tarefa, e, portanto, seu movimento de diálogo inter-religioso deveria se organizar não apenas para afirmar o humano, mas também para lutar contra o niilismo moderno. O fetichismo moderno e a alienação seriam um desafio para todos os homens religiosos, e, desse modo, todas as tradições religiosas estariam em um mesmo barco. A luta contra a reificação moderna seria, assim, a base comum para um movimento inter-religioso de reconhecimento mútuo, uma vez que no caldeirão da sociedade moderna "nenhuma religião é uma ilha"[31]. A era das comunidades isoladas havia passado e, ainda que cada tradição devesse manter sua identidade, a possibilidade de um diálogo profundo e de troca de experiências poderia ser tentada.

Heschel fala de um ecumenismo ativo que não busca resolver questões teológicas e de diferenças de crenças, mas que parte de

---

31. HESCHEL, No religion is an island, in: ID., *Moral grandeur and spiritual audacity*.

pontos comuns para estabelecer o diálogo inter-religioso: "Em que base nós, pessoas de diferentes compromissos religiosos, nos encontramos?"[32]. Essa pergunta Heschel endereçava principalmente ao público ocidental formado de judeus e cristãos. Em primeiro lugar, ressalta Heschel, "nós nos encontramos como seres humanos que têm muito em comum: uma face, uma voz, a presença de uma alma, medos, esperanças, a habilidade de confiar, uma capacidade de sentir compaixão e entendimento, a qualidade de sermos humanos"[33]. A consciência da humanidade em comum, portanto, é para Heschel a base do diálogo inter-religioso.

Em segundo lugar, afirma Heschel, a consciência de que, acima dos dogmas e das diferentes formas de adoração e ritual, Deus é o mesmo deveria ser também uma base para o diálogo. Tanto judeus como cristãos deveriam reconhecer as mútuas influências como também a dívida que ambas as tradições têm entre si na preservação da memória comum. Assim como os judeus preservaram os textos da Bíblia hebraica, os cristãos preservaram a *Septuaginta*, Fílon, Josefo e muitas outras obras do judaísmo helenista, e até mesmo medieval, que de outro modo teriam sido esquecidas: "O propósito da comunicação religiosa entre seres humanos de diferentes compromissos é o enriquecimento mútuo e o aumento do respeito e apreciação, em vez da desqualificação do outro no que diz respeito às suas convicções com relação ao sagrado"[34].

Basicamente, a mensagem de Heschel era de que seria possível construir uma crítica à civilização moderna inspirada não apenas no marxismo, mas também nos profetas bíblicos Amós e Isaías. As tradições religiosas teriam, assim, um papel único na renovação da consciência do transcendente. Heschel via nas tradições religiosas

---

32. Op. cit., 238.
33. Ibid.
34. Op. cit., 243.

a força para mobilizar milhares contra a Guerra Fria, que nos anos 1960 significava a ameaça constante de uma guerra nuclear.

Vislumbrando a construção de uma "Organização da Religiões Unidas", que pudesse atuar como uma referência com autoridade ética e moral no mundo contemporâneo, Heschel buscou atrair seus pares judeus e cristãos para movimentos como o dos direitos civis ou contra a intervenção norte-americana no Vietnã. Esses objetivos, para serem alcançados, exigiriam a superação de velhos desentendimentos e mágoas mútuas. Foi com essa finalidade que Heschel atuou como representante de organizações judaicas como o *American Jewish Committee*, junto ao Concílio Vaticano Segundo. Por essa atuação, conheceu o Papa João XXIII e o Papa Paulo VI. Nesse período ele atuou em Roma junto ao Cardeal Bea na resolução de questões pertinentes ao diálogo católico-judaico. Dois comentadores da obra de Heschel, sua filha Susannah Heschel e Edward Kaplan, referem-se inclusive a uma influência no esboço da encíclica *Nostra Aetate*[35], quando a Igreja Católica mudou oficialmente sua posição com relação aos judeus, inclusive retirando certas passagens "antissemitas" de sua liturgia.

O caráter romântico da atuação de Heschel junto ao diálogo ecumênico, com todas as limitações que isso implica, deve ser entendido no contexto das mobilizações dos anos 1960. Heschel e Marcuse tornaram-se na época referências para vários movimentos de contestação. No caso de Heschel, Daniel Breslauer[36], autor de uma tese de doutorado sobre o seu impacto como líder social e político nos Estados Unidos, descreve sua influência como sendo uma "liderança

---

35. KAPLAN, *Holiness in words*, 99. Ver também HESCHEL, SUSANNAH, Introduction, in: HESCHEL, *Moral grandeur and spiritual audacity*, xxvi.
36. BRESLAUER, DANIEL, *The impact of A. J. Heschel as Jewish leader in the American Jewish Community from 1960' to his Death. Social, psychological, and intellectual study*, a dissertation submitted to Brandeis University for Ph.D., 1994.

simbólica". Essa liderança buscou dialogar com setores religiosos progressistas, mas também encontrou interlocutores em muitos setores universitários que Breslauer denomina de *New Left*, que era sensível ao discurso humanista radical de Heschel. O romantismo tem sido, pelo seu caráter espiritualista e antimoderno, uma fonte reincidente de crítica aos rumos da civilização.

▪ A mobilização em prol dos direitos civis e humanos

A participação de Heschel no movimento em prol dos direitos civis dos negros norte-americanos ao lado de Martin Luther King talvez tenha sido sua mais veemente resposta ao holocausto nazista. A foto dos dois líderes religiosos marchando, lado a lado, na comissão de frente, usando colares de flores de estilo indiano (numa clara alusão a Gandhi e a seus métodos de ação política não violenta) na marcha ocorrida em Selma, Alabama, em 1965, é um claro ícone do pensamento hescheliano em ação. Heschel, ao participar daquela marcha, era movido profundamente por suas convicções religiosas. Isso fica claro quando se nota a resposta que ele já idoso deu a um repórter, dizendo que naquele dia ele "rezou com suas pernas"[37]. A ação política pelos direitos civis era para ele um ato religioso de encontro com Deus.

Até sua participação no movimento pelos direitos civis, nos anos 1960, a fama de Heschel era restrita a alguns grupos de intelectuais. Suas palavras ganharam projeção nacional nos Estados Unidos quando muitos notavam perplexos que um rabino havia entrado de corpo e alma na luta do movimento negro. Sua religiosidade militante tornava-se naquele momento a inspiração para muitos ativistas brancos e negros, judeus e cristãos, românticos e esquerdistas. Nas

---
37. KAPLAN, *Holiness in words*, 99 e 108-109.

palavras de Breslauer, Heschel tornara-se um líder simbólico[38], alguém que inspirava a ação sem estar de fato organizando e dando as ordens. Heschel não era o único líder simbólico que inspirava a juventude universitária norte-americana daqueles anos, pois era certamente menos conhecido que o frankfurtiano Marcuse, mas sua influência era mais sentida entre jovens intelectuais religiosos.

Em 1964, por ocasião das celebrações dos cem anos da *Emancipation Proclamation* (a emancipação norte-americana dos escravos), Heschel, na companhia de Martin Luther King, se dirigiu ao público presente afirmando que "uma pessoa não pode ser religiosa e indiferente ao clamor e ao sofrimento de outros seres humanos. De fato, a tragédia do homem é que grande parte de nossa história é a história da indiferença, dominada por uma famosa máxima: 'Acaso sou eu o guarda do meu irmão?'". Heschel era especialmente veemente quando se referia à questão negra, para ele o compromisso com a "fé bíblica" significava a lembrança constante de que "ou Deus é o pai de todos os homens ou de nenhum homem"[39]. Nesse compromisso ele não abordava apenas a questão sob o ponto de vista dos direitos civis formais, mas também era comprometido com os direitos sociais. A desigualdade social igualmente deveria ser atacada.

Vejamos as seguintes palavras de Heschel sobre a situação dos afro-americanos nas favelas daquele país:

> Meu coração fica doente quando penso na angústia e nos lamentos, nas lágrimas quietas derramadas nas noites dentro das desconfortáveis residências nas favelas de nossas metrópoles, nos urros de emoção, no copo de humilhação que lhes é oferecido [...]. O assassinato é tangível e punível pela lei. O pecado do insulto é imponderável, invisível. Quando o sangue é derramado,

---

38. BRESLAUER, *The impact of A. J. Heschel as Jewish leader in the American Jewish Community from 1960' to his Death*, 126, 128, 131, 134.
39. FIERMAN, *Leap of action-ideas in the theology of A. J. Heschel*, 32.

os olhos veem vermelho; quando um coração é esmagado, é somente Deus que compartilha a dor[40].

Heschel toma a situação social e faz dela um julgamento em que o negro é encarado como pessoa a partir da ótica do *páthos*. A indignação com a dor do humilhado é o que move o *mensch* heschaliano para a ação política, que começa como testemunho de sua situação.

A linguagem emocionada de Heschel tinha como finalidade levar a experiência do *páthos* e inspirar para a ação. Um exemplo desse estilo é o discurso que Heschel proferiu na *National Conference on Religion and Race*, em Chicago, no ano de 1963. Na ocasião, Heschel, o principal orador da noite, disse:

> Na primeira conferência sobre religião e raça, os dois mais importantes participantes foram o Faraó e Moisés. As palavras de Moisés foram: Assim diz o Eterno, o Deus de Israel: "Deixe meu povo ir para que eles celebrem um festival para mim". O Faraó, no entanto, contestou: "Quem é o Eterno, para que eu deva escutar a sua voz e deixar Israel ir?".
>
> O assunto dessa primeira conferência não se encerrou até hoje. O Faraó não está pronto para capitular. O êxodo começou, mas está muito longe de ter sido concluído. De fato, foi mais fácil para os filhos de Israel cruzarem o Mar Vermelho do que para um negro cruzar os portões de certos *campi* […].
>
> Religião e raça. Como as duas palavras podem ser pronunciadas juntas? Agir no espírito da religião é unir o que está separado, é lembrar-se de que a humanidade é, como um todo, a filha amada de Deus. Agir no espírito da raça é separar, cortar, desmembrar a carne da humanidade viva. Como podemos ouvir a palavra "raça" e não sentir em nós mesmos uma reprovação?
>
> O racismo é pior que a idolatria. Racismo é satanismo[41].

---

40. Heschel, Abraham J., Religion and race, in: Id., *The insecurity of freedom*, 88.
41. Op. cit., 85-86.

Essas palavras dão a medida do estilo de Heschel. Ao mesmo tempo, são um exemplo da posição hescheliana com relação ao problema racial nos Estados Unidos dos anos 1960 e de como ele de um ponto de vista religioso combateu o preconceito racial. Para Heschel "não é possível adorar o Deus de Abraão e ao mesmo tempo olhar um homem como se ele fosse um cavalo"[42].

Do mesmo modo que assumiu a defesa dos direitos civis da população negra norte-americana, Heschel mobilizou-se pelos direitos civis dos judeus soviéticos. Para Heschel os dois movimentos, nos Estados Unidos e na antiga URSS, eticamente se assemelhavam muito. Ao defender os judeus soviéticos, não advogava em causa própria, mas contra uma discriminação que afetava a dignidade de todos os seres humanos. A causa dos judeus soviéticos era apresentada por Heschel como universal, pois o mal do preconceito é encarado como indivisível. A discriminação contra os direitos políticos e sociais do negro norte-americano e a discriminação contra os direitos culturais dos judeus na União Soviética são inseparáveis. Ambas as questões eram assumidas por Heschel a partir do ponto de vista humano. O pensamento hescheliano afirmava, assim, que a história é o testemunho de que a injustiça feita contra alguns homens é a injustiça feita contra todos.

Em outro ensaio, *The white man on trial*, Heschel aborda essa mesma questão comparando a situação dos negros norte-americanos e dos judeus soviéticos à de outros excluídos. Escreve Heschel:

> O problema que hoje encaramos é o de ser ou não humano. A situação do negro é o teste, o julgamento e o risco [...]. Não é apenas como nos comportamos com relação ao negro na América o nosso teste. É também de que forma estamos preocupados com o clamor espiritual dos judeus na Rússia, a quem foram negados

---

42. Ibid.

os diretos à igualdade religiosa; como nos preocupamos com o povo do Tibet, as massas famintas na Índia e, no Brasil, com o doente e com o pobre, com os trabalhadores braçais latinos e os *braceros* em nosso próprio país[43].

O agravamento do processo mundial de desumanização era a fonte da preocupação social e política de Heschel. Mesmo assim a causa dos judeus soviéticos certamente lhe calava fundo, pois eram os últimos remanescentes do judaísmo do leste europeu, de onde ele provinha:

> Vivemos no mais escuro século da história judaica. O mundo judaico, tal como existia em 1914, é agora um enorme cemitério. Alguém que vive neste país (nos Estados Unidos) não sabe se é um privilégio ou uma punição estar entre aqueles que sobreviveram e foram salvos do holocausto. Seis milhões de judeus não existem mais, e três milhões de judeus estão em um processo de sistemática liquidação espiritual[44].

A urgência sentida e proclamada por Heschel em relação aos seus irmãos soviéticos era outra faceta de sua resposta ao extermínio de seu povo.

A poética do estilo hescheliano assumia um ponto de vista "profético", no sentido de assumir a voz divina, como no poema de sua juventude "Eu e tu", em que Heschel escreve como se Deus falasse através dele. Essa mesma retórica reaparece nos seus discursos políticos. O que Heschel deseja é enfatizar o compromisso que o religioso deveria assumir contra a profanação da pessoa humana. E, em especial, como judeus e cristãos, herdeiros da tradição bíblica,

---

43. HESCHEL, ABRAHAM J., The white man on trial, in: ID., *The insecurity of freedom*, 104-105.
44. HESCHEL, ABRAHAM J., The plight of Russian Jews, in: ID., *Moral grandeur and spiritual audacity*, 214.

deveriam posicionar-se e resistir ao processo de desumanização radical existente nas sociedades pós-modernas.

- **O movimento contra a Guerra do Vietnã**

Na esteira das mobilizações sociais que sacudiram os Estados Unidos na década de 1960, a começar pelo movimento pelos direitos civis no início da daquela década, Heschel e Luther King se envolveram com o movimento pacifista, que se opunha à intervenção norte-americana na guerra civil que ocorria no Vietnã do Sul. A participação de ambos foi uma clara demonstração de como um movimento social específico de caráter libertário pode encontrar afinidades com outros movimentos que também questionaram o processo de modernização na sociedade moderna. E também de como "afinidades eletivas", para usar o conceito de Löwy, aparecem entre movimentos de contestação e crítica social.

Heschel, até então pouco conhecido por ter-se retirado à esfera acadêmica, tornara-se uma figura pública, de repercussão dentro e fora dos Estados Unidos. Seu aval ao movimento conferia-lhe legitimidade, uma vez que sua figura de cabelos brancos era respeitada mesmo nos círculos mais conservadores. Sua liderança simbólica era a própria encarnação do *ombudsman* moral que ele próprio defendia em um artigo escrito na época sobre a corte marcial de um militar que foi acusado do assassinato de civis vietnamitas. O *ombudsman* moral deveria, segundo Heschel, ser uma pessoa com autoridade suficiente para dirigir-se e ser ouvido por toda a sociedade, até mesmo pelo presidente e pelo congresso[45].

Nesse mesmo artigo, Heschel critica os capelães militares, que, estando próximos das operações militares e convivendo com as

---

45. Heschel, Abraham J., Required a moral ombudsman, in: Id., *Moral grandeur and spiritual audacity*, 221.

atrocidades cometidas pelo exército, fechavam os olhos e calavam-se. Heschel usou palavras muito duras para censurar os capelães militares por sua indiferença:

> Vem para nós como um choque que nenhum dos capelães tenha levantado a voz para denunciar as atrocidades cometidas nas operações de guerra na Indochina, durante todos esses anos. Os crimes de guerra foram denunciados por repórteres e por pessoas comuns, em vez de terem sido condenados por ministros religiosos, padres e rabinos. Que chocante para nossa expectativa quanto ao papel dos religiosos na sociedade moderna[46]!

Tal como um profeta bíblico ao denunciar os sacerdotes do Templo, Heschel chama a hipocrisia desses religiosos de "pecado dos capelães". Os religiosos, em especial por sua posição de seguidores do Deus bíblico, teriam para Heschel uma tarefa ainda maior, cujo descumprimento tornava sua hipocrisia ainda mais vergonhosa.

Segundo Heschel, a humanidade não pode ser considerada uma abstração. Para ele as questões religiosas não poderiam se limitar às situações paroquiais. O sagrado envolve todos os aspectos da existência. A tarefa do religioso na sociedade moderna é levantar sua voz diante dos horrores e da injustiça em nome da reverência a Deus e à sua imagem no mundo: o ser humano. Estar preocupado é para Heschel estar consciente. A religião não pode ser interpretada como escapismo ou relaxamento. A fé no contexto da civilização moderna é antes um desafio, um chamado para a ação. Diante da crise da modernidade, que se manifesta também como crise de consciência e mal-estar moral, levantar a voz e denunciar é para Heschel a grande tarefa do *mensch*. Referindo-se ao mal-estar diante da guerra do Vietnã, na conferência da organização criada e dirigira por ele e

---

[46]. Op. cit., 220-221.

outros religiosos, a *Clergymen and laymen concerned about Vietnam*, em 1967, Heschel parafraseia o profeta Isaías (62,1) e diz:

> Pelo Vietnã eu não ficarei silencioso.
> Pela América eu não descansarei.
> Até que a vindicação da humanidade seja iluminada,
> E a paz para todos os homens seja uma tocha flamejante[47].

A poética dos anos de sua juventude jamais foi realmente abandonada e reaparece permeando os discursos emocionados do velho Heschel. O *páthos* divino torna-se um chamado à consciência religiosa para a ação na sociedade. Mas essa ação não deixa de ser religiosa por tomar uma forma política. Ao contrário do fundamentalismo contemporâneo, que também foi criticado por Heschel, não se quer a conversão do poder teológico em poder de Estado. Heschel pode ser comparado aos teólogos da libertação latino-americanos dos anos 1970 por ter na religiosidade uma fonte de inspiração para a tomada de posição política em defesa dos humildes.

Interpretando de modo religioso as questões sociais, econômicas e políticas, Heschel busca apontar para o seu sentido universal. O pecado do Vietnã, assim, não é apenas político, mas também moral. Para Heschel, conforme afirma Breslauer, os Estados Unidos, por sua arrogância política, eram acusados de insensibilidade espiritual[48]. Na época, tal acusação repercutindo na imprensa, vinda de um religioso, era considerada bombástica, pois a sociedade norte-americana se via, e até hoje ainda é assim, como tendo sido fundada em bases religiosas. A religião aparece muitas vezes nos Estados Unidos como legitimação do sistema. Os setores mais conservadores da sociedade

---

47. HESCHEL, ABRAHAM J., A prayer for peace, in: ID., *Moral grandeur and spiritual audacity*, 232.
48. BRESLAUER, *The impact of A. J. Heschel as Jewish leader in the American Jewish Community from 1960' to his Death*, 95.

ficaram atônitos, pois era um religioso observante neotradicional que fazia tais declarações. Mas, segundo Heschel, o profeta sofre de um profundo desajustamento ao espírito da sociedade que o rodeia.

Esse mesmo desajustamento ao espírito da sociedade ocorreu também nas relações de Heschel com seus aliados de esquerda. O uso de uma linguagem religiosa, com muitas referências aos profetas bíblicos, era encarada com suspeição pela esquerda norte-americana, geralmente bastante antirreligiosa. Intelectuais de esquerda aplaudiam as posições radicais de Heschel com relação aos direitos civis e humanos e sua atividade de criticar e denunciar, por exemplo, a Guerra do Vietnã, mas a ligação desses assuntos políticos e sociais com uma temática religiosa não era considerada completamente aceitável. Desse modo, se por um lado Heschel era encarado pelas esquerdas com simpatia, por outro poucos assumiram publicamente a defesa das posições dele ou se tornaram seus seguidores. Heschel aparece, assim, como um personagem singular dentro do espectro político norte-americano.

Breslauer[49] vê nesta habilidade de mover-se na tensão entre religiosos e esquerdistas a fonte da liderança simbólica de Heschel, principalmente entre a juventude judaica universitária norte-americana dos anos 1960. Kaplan denomina Heschel de *tzadik* dos anos 1950 (e 1960), querendo com isso sublinhar o papel humanista de autoridade moral diante da sociedade norte-americana: "Abraham Joshua Heschel (afirma Kaplan) escreve como um filósofo ocidental, um *scholar* judeu, um *rebe* hassídico e um poeta que assume uma inabalável confiança no amor de Deus pela humanidade. E também ele sublinha a compaixão dos profetas hebreus e seu radicalismo ético"[50].

Heschel, como rabino, professor de ética e mística no *Jewish Theological Seminary*, em Nova York, poderia ser considerado alguém

---

49. Op. cit., 126, 128-129.
50. KAPLAN, *Holiness in words*, 18.

bem posicionado no *establishment* acadêmico e judaico, mas, por suas posições tanto religiosas como políticas, era tido como uma *avis rara* entre os intelectuais judeus e os rabinos de seu tempo. O radicalismo ético de Heschel levava-o, por exemplo, a declarar que o comunismo no Vietnã não era, como o governo norte-americano declarava na época, uma ameaça à segurança nacional. A desculpa da segurança nacional e a *Realpolitik* eram apenas camuflagens para uma situação de liquidação de seres humanos. Escreve Heschel na ocasião:

> Quando concluí em 1965 que continuar a guerra no Vietnã era um ato maléfico, eu também me convenci de que a saída imediata do Vietnã seria a mais sábia atitude [...]. É politicamente ilógico, penso, assumir que o comunismo no Vietnã do Sul seria uma ameaça maior à segurança dos Estados Unidos do que o comunismo na Hungria ou na Tchecoslováquia[51].

Nem mesmo uma doutrina de segurança nacional poderia se sobrepor à dignidade humana. A *Realpolitik* não poderia ser desculpa para o assassinato de civis. Nesse mesmo texto, Heschel apresenta aquilo que para ele era o motivo central de sua ação contra aquela guerra. Ao mesmo tempo, nas entrelinhas Heschel dá uma ideia de sua posição política na época:

> Da mesma forma que discordo de muitos princípios do comunismo (stalinista), também detesto o fascismo e o uso da violência para suprimir aqueles que lutam contra a opressão conduzida por poderosos corruptos. Em adição, compreendo que a guerra no Vietnã, por sua própria natureza, era uma guerra que não poderia ser permitida pelas mesmas leis internacionais com as quais os Estados Unidos estão comprometidos, leis essas que protegem civis de serem mortos por forças militares. Bem cedo

---

51. HESCHEL, The reasons for my involvement in the peace movement, 225-226.

descobri que um grande número dos civis inocentes foi morto pelos bombardeios e tiroteios de nossas próprias forças militares, que numerosos crimes de guerra estavam sendo cometidos, que a própria fábrica da sociedade vietnamita estava sendo destruída, tradições dessacralizadas e honoráveis modos de vida desprezados. Essas descobertas me levaram a perceber essa guerra como excessivamente injusta. Então, como resultado, minha preocupação com o fim dessas guerras tornou-se minha preocupação religiosa central[52].

Até o final de sua vida, em 1972, a campanha pelo fim da guerra do Vietnã tornou-se a mais importante atividade pública na qual Heschel se envolveu. Ser uma testemunha contra a barbárie era sua preocupação central. A linguagem, que era seu único instrumento, tornara-se seu meio de ação social.

▪ Nem todos são culpados, mas todos são responsáveis

Durante os últimos anos de sua vida, desde a década de 1960, Heschel repetiu várias vezes, em ensaios e em discursos, aquela que se tornou a máxima de sua ação social: "Em uma sociedade democrática, alguns são culpados; todos são responsáveis"[53]. Essa frase aparece pela primeira vez em seu estudo sobre os profetas. Heschel não tinha como finalidade a liderança direta de movimentos. Mesmo apoiando candidaturas em eleições, jamais se tornou um político profissional. Sua ação política se restringiu à militância em movimentos sociais, mas nunca em partidos. Nesse sentido, Heschel permaneceu sempre como um intelectual. A filósofa Marilena Chauí[54], que foi secretária

---

52. Ibid.
53. HESCHEL, A prayer for peace, 231.
54. Revista *Cult*, número 35 ano III, Alexandre Oliveira Torres Carrasco e Joaci Pereira Furtado, Entrevista: Marilena Chauí. 54.

da cultura na cidade de São Paulo, após esta passagem pelo governo, concluiu que o intelectual, quando se torna político, deixa de ser intelectual, pois a tarefa do intelectual requer o tempo da elaboração das ideias, um luxo que não é permitido ao político. Heschel, tal como o sociólogo brasileiro Betinho, tornara-se um ativista em movimentos sociais que hoje são conhecidos como ONGs. Na época, porém, essa terminologia ainda não era usada. Sua atividade se baseava na noção de responsabilidade pelo coletivo.

A ideia da responsabilidade individual pelo conjunto é, na origem, uma noção talmúdica que Heschel traz para o contexto da sociedade contemporânea. Para Heschel, porém, a origem dessa ideia não se encontra apenas na ética rabínica. São os profetas bíblicos que formulam pela primeira vez essa noção dentro da tradição judaica. A responsabilidade sobre o outro homem é decorrente da percepção de que, no texto bíblico, Deus está constantemente interessado na situação dos homens. É inclusive uma *mitzvá* "não ficar parado diante do sangue do teu próximo". Isto é, é uma *mitzvá* interessar-se pelo sofrimento alheio e agir de modo a minorá-lo. Não ficar parado diante do sangue do teu próximo significa estar atento, comprometido e preocupado com o destino dos outros seres humanos.

É ao homem contemporâneo que Heschel está se dirigindo. É o homem contemporâneo que ele critica por sua indiferença diante da desumanização do outro. A desumanização do outro é sempre a minha própria desumanização também. Não se indignar com a injustiça e a profanação da pessoa humana é, para Heschel, alienar-se de sua própria humanidade. A democracia, tão respeitada no Ocidente, sem o interesse pessoal de todos pelo coletivo torna-se apenas uma fachada. A religião, em especial as religiões abraâmicas, sem o compromisso com a justiça social, torna-se segundo Heschel uma "comédia". Isso porque a igualdade, como ética religiosa, deve ir além da letra da lei. A adoração a Deus só pode se dar com a santificação da pessoa. Nesse sentido, por exemplo, Heschel declara que "o problema não é apenas como fazer justiça ao povo negro, é também como parar a profanação do nome de Deus, que é cometida pela humilhação do nome do negro"[55]. Essa mesma ética se repete para Heschel em sua abordagem de outras causas humanas.

A ética hescheliana é radical justamente por ser baseada em princípios religiosos que requerem o homem integral. A busca de Deus em Heschel se dá na interioridade da oração, do estudo e da prática das *mitzvot*. E também na exterioridade do compromisso com a santificação do ser humano. A religião para ser relevante deve voltar-se para ambos os lados. Nessa ética o homem religioso, o *mensch*, que nos escritos maduros Heschel também chama de "homem piedoso", termina por misturar a via da interioridade com a da exterioridade, uma vez que a luta pela humanidade do outro é também uma forma de oração. A ação humanizadora ocupa todas as dimensões das obras dos homens. A ação humanizadora, preconizada por Heschel, visa à redenção dos homens e de sua situação histórica atual.

Heschel critica no homem moderno justamente a incapacidade de sentir a urgência em reencontrar-se com a dignidade humana, que foi constantemente ultrajada nestes últimos séculos: "Somos uma geração que perdeu a capacidade de sentir-se ultrajada. Precisamos continuar a lembrar a nós mesmos que em uma sociedade livre todos estão envolvidos no que alguns estão fazendo. *Alguns são culpados, mas todos responsáveis*"[56]. Mas o homem moderno, tendo alienado, segundo Heschel, a sua capacidade de sentir e buscar a transcendência, duvida da possibilidade de ser o agente de sua humanização. Essa humanização proposta por Heschel não visa a um modelo pré-estabelecido de homem. É sobretudo a continuidade da construção do humano que o Ocidente tem negligenciado. A realização da

---

55. HESCHEL, ABRAHAM J., Religion and race, in: ID., *The insecurity of freedom*, 87.
56. HESCHEL, A prayer for peace, 231.

humanidade, porém, não é algo visto ou provado. A proposta hescheliana para o homem contemporâneo é de que este faça o "salto de ação". Em vez de crer e tentar se enquadrar em um modelo pré-fabricado de homem, este deveria buscar o inefável além de qualquer modelo. É agindo humanamente que o homem encontra sua redenção.

Dignidade humana e renovação judaica

> Ser um judeu é firmar o mundo sem se deixar firmar por ele, ser uma parte da civilização e ultrapassá-la, conquistar o espaço e santificar o tempo. O judaísmo é a arte de ultrapassar a civilização, é a santificação do tempo, a santificação da história. A civilização está em experiência. Seu futuro dependerá de quanto o *Shabat* penetrará em seu espírito.
>
> Abraham Joshua Heschel[1]

O humanismo sagrado é o principal legado da obra de Heschel[2]. Nesse sentido, sua obra pode ser interpretada como a de um radical humanista religioso que buscou salvaguardar a santidade humana diante da barbárie. Ele não promove um compromisso ou um meio-termo com a reificação. Segundo o pensamento heschellano, uma religiosidade significativa só pode ser construída em oposição à barbárie, de outro modo a religião perde seu significado. Conforme afirma Kaplan, para Heschel, "somente uma fé absurda pode redimir a civilização edificada em cima das cinzas de Auschwitz e Hiroshima, alimentada no abuso da natureza e na herança de ditaduras e do

---

1. HESCHEL, *Deus em busca do homem*, 225.
2. KAPLAN, *Holiness in words*, 148.

colonialismo"[3]. Heschel se mostra indignado e alarmado com a calosidade da consciência do homem moderno, com seu relativismo moral. Para ele, assim como para os profetas bíblicos, a atitude diante da injustiça é de emergência. Ele nos convoca a imaginar a condição humana da perspectiva da compaixão e da concernência absoluta. Heschel é um filósofo da redenção.

Ao longo deste estudo sobre o humanismo hescheliano, pudemos acompanhar o desenvolvimento desse pensamento *sui generis*, desde suas raízes plantadas nas tradições da comunidade judaica asquenazi centro-europeia até o judaísmo libertário, que igualmente floresceu entre os judeus asquenazim no início do século XX. Acompanhamos o desenvolvimento de seu pensamento na Alemanha nos anos 1930 e em sua fuga para os Estados Unidos durante a Segunda Guerra Mundial, quando impotente assistiu ao genocídio de seu povo, ao assassinato de muitos de seus familiares, amigos e colaboradores na Europa. A segunda parte de sua vida transcorre na América durante os anos da Guerra Fria, quando o perigo de uma catástrofe nuclear parecia iminente. O século XX, com suas guerras, depressões econômicas, mortes em massa e a possibilidade de aniquilamento da humanidade, marcou, assim, a obra de Heschel. O auge da modernidade tecnológica desse século, com suas muitas contradições, é o pano de fundo da obra hescheliana, de tal modo que não é possível entender a crítica hescheliana ao homem moderno sem levar em conta sua situação de pessoa que veio do mundo tradicional e viveu junto com seu povo o choque da modernização.

A modernidade tardia chegou às regiões do então Império Russo, provocando uma crise sem precedentes nas comunidades judaicas, que, pressionadas de muitas formas, responderam de modo contraditório à nova situação adversa. Essas contradições foram vividas

---

3. Op. cit., 151.

por todos os segmentos daquela comunidade, que tão tragicamente foi desenraizada de seu solo histórico. Um paralelo dessa tragédia só poderia ser feito, talvez, com o também desaparecimento da comunidade sefaradi na Península Ibérica, no final do século XV, início da modernidade. A modernidade, a era da decadência da vida comunitária, substituída pelo individualismo burguês, é certamente um dos períodos mais adversos da história judaica. Conjuntamente ao início da civilização moderna, ocorre a tragédia judaica, marcada por sua expulsão da Espanha e de Portugal, e pela Inquisição; no clímax do processo de modernização, uma tragédia ainda maior marca para sempre a trajetória judaica pela modernidade.

O pensamento hescheliano é herdeiro do percurso feito pelo povo judeu ao longo desta civilização, que celebrou como nenhuma outra a razão e a tecnologia e ao mesmo tempo foi o palco dos maiores genocídios de toda a história humana. Heschel, que nos anos 1930 escreveu as biografias intelectuais de sábios sefaradim, como Maimônides e Abravanel, este último um sobrevivente da expulsão da Península Ibérica, via os judeus asquenazim, em particular os judeus alemães, como os "sefaradim" do século XX.

Heschel não foi apenas um sobrevivente de uma comunidade destruída, um ramo salvo do incêndio, como ele mesmo se denominou. Como filósofo, seu pensamento buscou responder à desumanização radical vivida por ele e por sua geração. Como homem religioso, sua resposta foi uma tentativa de construir um judaísmo relevante para pensar as várias dimensões da crise vivida por seu povo e pela humanidade neste século último. Cedo ele relacionou a tragédia de seu povo a uma crise humana mais ampla. Sua resposta foi, porém, a resposta de um intelectual, que ao mesmo tempo era um homem religioso. O Holocausto agravou a crise da religião, não apenas entre judeus, mas em todo o pensamento ocidental. Como Heschel mesmo escreveu em *Deus em busca do homem*, a crise da religião na modernidade não se deveu à refutação desta por uma sociedade tecnológica e secular, mas ao fato de ela mesma, a religião institucional, ter se tornado irrelevante[4].

Heschel buscou, nesse contexto, uma religiosidade judaica que fosse relevante e profunda o suficiente a ponto de poder fazer a crítica ousada da civilização moderna a partir do ponto de vista da tradição. Nessa crítica, os parâmetros para focalizar a civilização e o processo de modernização são outros, diferentes dos da crítica lançada pelos movimentos sociais, pelos ecologistas e pelos humanistas em geral. Os parâmetros são, usando a linguagem hescheliana, os da "dimensão sagrada"[5] da existência: a santidade, a piedade, a inefabilidade, a transcendência, a piedade e a redenção. Conceitos muito diferentes dos usados por outros pensadores humanistas críticos da civilização moderna. Certamente muito diferentes dos modelos de pensamento usados pela esquerda judaica. O humanismo destes era caracteristicamente laico e ateu; o hescheliano, religioso. O interessante é, no entanto, a convergência entre Heschel e os pensadores marxistas e libertários no entendimento da crise da civilização moderna como crise da humanidade.

A distinção, feita neste estudo, entre o Heschel jovem e o Heschel maduro, o pré e o pós-Holocausto, é artificial, pois toda a obra hescheliana, desde a publicação dos poemas de *Der Shem Hamefoiresh: Mensch* até *A passion for truth*, foi marcada pela experiência do nazismo. De sua obra se conclui que não é mais possível, se é que um dia foi, viver uma religiosidade que olha o mundo a partir de uma teologia abstrata. A religião tem de encarar as questões profundas da existência humana histórica, denominadas por ele de questões últimas. A mensagem hescheliana é a de que não é possível pensar o judaísmo depois de Auschwitz e Hiroshima a não ser a partir do ponto de vista da dignidade humana.

---

4. Heschel, *Deus em busca do homem*, 47.
5. Heschel, Abraham J., The holy dimension, in: Id., *To grow in wisdom*.

- Antropologia religiosa

Heschel não é certamente o único filósofo do judaísmo que na segunda metade do século XX orienta sua obra para essa conclusão. Sua filosofia do judaísmo, contudo, implica necessariamente uma antropologia. As questões teológicas são encaradas de uma forma muito diferente da tradição corrente no pensamento ocidental. Não se trata, assim, de questionar, por exemplo, como foi que Deus permitiu o genocídio de milhões, como faz Hans Jonas em *Le concept de Dieu après Auschwitz*[6]. O Holocausto é encarado por Heschel como um mal só inteligível dentro do contexto do livre-arbítrio dos homens. Antes, para ele, a questão deve ser formulada no sentido de pensar a que ponto o processo de desespiritualização do homem moderno é parte do processo de desumanização do mesmo.

Heschel conclui que a resposta à desumanização radical envolve também a renovação do sentido de redenção. De acordo com ele, como resultado da influência do pensamento grego sobre o pensamento moderno, dissociam-se em muitos momentos, de modo quase irreconciliável, o pensamento e a ação. O pensamento sozinho ou a ação sozinha são insuficientes para desvendar e afirmar o sentido da existência humana. Segundo Heschel, a religiosidade deve estar engajada na dignificação da condição humana, uma vez que a mensagem central da Bíblia hebraica é a preocupação divina com os rumos dos seres humanos ao longo de sua história. Essa preocupação divina só se efetiva com a parceria com os homens, pois Deus se manifesta historicamente tendo os homens como seus sócios na tarefa da redenção. Essa parceria significa aqui a humanização plena do *homo sapiens*.

Como já vimos, é da Bíblia que Heschel retira dois conceitos básicos e polares em seu pensamento sobre o ser humano: a imagem

---
6. JONAS, HANS, *Le concept de Dieu après Auschwitz*, Paris, Payot & Rivages, 1984.

divina e o pó da terra. A noção de imagem divina implica a dimensão sagrada da existência humana, que se relaciona com a possibilidade de o homem ser o veículo da ação divina na história, isto é, de ele ser agente de sua própria redenção. A mensagem divina apresentada pelos profetas hebreus, segundo Heschel, revela a enorme preocupação de Deus para com a situação humana. A imagem divina implica também a santidade inerente à pessoa, e não apenas ao coletivo da humanidade, o que torna toda profanação da dignidade da pessoa, toda desumanização, um assunto central para o pensamento religioso.

A ideia de que o ser humano é a imagem divina implica outrossim uma enorme responsabilidade[7] em relação a Deus, que procura o homem para despertar neste a abertura para com a transcendência. É transcendendo sua condição não redimida que o ser humano realiza um devir que de outro modo não ocorreria. O reino de Deus, ou seja, a Redenção, significa a luta constante contra o sofrimento humano, físico, emocional, social e espiritual, que o homem tem de fazer para ser o parceiro de Deus. Trata-se de encontrar uma forma de viver que desenvolva no ser humano uma condição que seja realmente humana: "A condição humana não se baseia em postulados morais, mas em fundamentos para uma existência humana. O fracasso em nutrir as sensibilidades essenciais resulta no decaimento da humanidade do homem individual"[8]. Esse decaimento é a raiz da crise da humanidade na modernidade tardia.

Por outro lado, o conceito de "pó da terra" implica um contraste que não é entre o bem e o mal, ou entre o corpo e a alma. Tal conceito implica a dimensão mortal, frágil, inconsciente e finita do ser humano. O ser humano é feito da mais vulgar matéria planetária. Paradoxalmente, segundo Heschel, o homem é "constituído do material

---

7. HESCHEL, ABRAHAM J., *A passion for truth*, Woodstock, Jewish Light Publishing, 1995, 297.
8. HESCHEL, *Who is man?*, 81.

mais inferior na mais superior imagem"[9]. O contraste, porém, como já vimos, não se dá entre forma e substância, mas entre ações. Há, de um lado, a ação transcendente e humanizadora e, do outro, a tendência ao decaimento da condição humana como condição plena de sentido. O "pó da terra" é a condição não despertada para a realização da humanização.

Esses dois conceitos opostos são pensados por Heschel como dois aspectos inseparáveis da essência humana, duas dimensões antitéticas e dinâmicas do movimento dos homens como seres viventes. Essa essência dinâmica cria, assim, a possibilidade do devir histórico humano. Não há condição humana dada de uma vez para sempre. Esse devir, no entanto, não é teleológico, pois não é dado de antemão que o destino dos homens é a redenção de sua condição histórica no sentido da humanização. A redenção é uma possibilidade. Se as ações dos homens forem no sentido da sua espiritualização, como símbolos vivos e veículos da ação divina, então a redenção se aproxima. Essa ideia, como já vimos, é derivada da mística judaica. A possibilidade oposta, da desumanização, também está sempre presente. Essa tendência, que começa com a desumanização das pessoas, pode levar concretamente à liquidação física dos seres humanos ou, pior, ao surgimento de um *homo sapiens* destituído de humanidade.

Ambas as tendências não têm se manifestado de modo linear ao longo da história. Por isso, é possível que a atual tendência desumanizante do processo de modernização seja revertida. A reversão desse processo em prol de um renascimento humano, tanto espiritual como social e civilizatório, é a tarefa central do homem piedoso. Em seus escritos maduros, o *mensch* hescheliano passa a ser denominado "homem piedoso", em uma clara alusão ao pietismo *hassid*, ressaltando a piedade e a compaixão como as características básicas

---

[9]. HESCHEL, The concept of man in Jewish thought, 127.

a serem cultivadas ao lado da sensibilidade pela justiça. O *mensch*, portanto, é o neo-*hassid* para um mundo pós-tradicional, aquele que faz a tradução dos conceitos do hassidismo para a linguagem contemporânea[10]. Conforme afirma Waskow: "A teologia de um Deus sofredor (pleno de *páthos*) em busca de uma humanidade não pode ser divorciada da convocação à ação"[11].

Tal judaísmo afirma a possibilidade da experiência de Deus através da oração, da entrega a Deus, e da *mitzvá*, das obras éticas no mundo, sem necessariamente ter de recorrer à teologia especulativa. De acordo com Heschel, o judaísmo depois do Holocausto deveria colocar definitivamente no centro de sua teologia a antropologia religiosa. O humanismo sagrado hescheliano é, assim, a orientação básica de uma antropologia sagrada. Sagrada não no sentido de divinizar o homem. A substância humana não é sagrada, ela é o pó da terra. Mas a pessoa deve ser encarada a partir da óptica do sagrado, fundamento da crítica às sociedades modernas.

A religiosidade centrada nessa antropologia sagrada é a mais importante contribuição da obra hescheliana para o pensamento religioso contemporâneo. Do ponto de vista da antropologia sagrada hescheliana, a questão fundamental é vivencial e não ontológica. A pessoa não é apenas um ser no mundo, mas sobretudo um vivente. Muitas filosofias modernas terminam por pensar o ser humano de modo impessoal. Conforme afirma Gross, a questão hescheliana "quem é o homem?" é formulada em termos de valor. Não o valor alienado do homem-coisa, que na busca de satisfação de suas necessidades reais ou aparentes chama de valor os produtos de sua ação no mundo, como a moeda ou a mercadoria. A fonte de valor é a vida humana. O valor hescheliano é formulado em termos pessoais. É

---

10. MAGID, SHAUL, Abraham Joshua Heschel and Thomas Merton: heretics of modernity. *Conservative Judaism*, v. 50, n. 2-3 (winter/spring 1998) 114-115.
11. WASKOW, My legs were praying, 149.

formulando esse tipo de questões, que concernem a ele mesmo, que o homem descobre que ele é uma pessoa, isto é, uma singularidade viva abrindo-se para além de si. A antropologia religiosa de Heschel encara o ser humano como sendo um vivente diante do transcendente. Isso porque, se os homens têm sua origem na animalidade, ideia que Heschel não refuta, ao tornar-se humano o homem vai além da simples animalidade. O ser humano é, portanto, para si mesmo um ser *sui generis*, de uma ordem de existência incomparável.

A questão seguinte formulada por Heschel é: "O que é ser humanamente?"[12]. A resposta a essa segunda questão é a descoberta dos modos específicos de ser necessários para que o homem exista humanamente. Diferente de Heidegger, a quem Heschel chama de representante contemporâneo do modo grego de pensar, ele considera o homem como distinto no reino do ser. Segundo afirma Heschel, Heidegger pensa o homem como um conceito morto, mas a pessoa, por ser uma entidade viva, não se reduz totalmente à ontologia. O vivente agrega características ao ser que vão além da ontologia. No caso do homem, ser é ser humanamente. Além disso, ser humanamente não é apenas um modo particular do Ser, é o abrir-se do ser para o que vai além do Ser como ideia. O vivente, segundo o pensamento hescheliano, não é apenas um conceito, mas sobretudo um sujeito pessoal. Lembremo-nos, como já vimos antes, que, segundo a fenomenologia hescheliana, as questões humanas são basicamente as de "como viver". Vejamos como Heschel define o que é "ser humanamente":

> O ser humano é a humanização do ser, é a transmutação da doação muda. Por existir humanamente, o homem excede a mera ontologia no seu sentido comum. O Ser é anônimo, silencioso. A humanização é a articulação do sentido inerente no ser. No nível de nossa existência, a consciência da participação no Ser

---

12. HESCHEL, *Who is man?*

compartilhado não oferece nenhuma certeza final, última. O que nos dirige misteriosamente é a experiência de ser uma resposta, de existir como uma exclamação[13].

Para o humanismo hescheliano, a questão humana não pode se resumir à noção conceptual de que compartilhamos com os outros seres uma existência no Ser, como sugere Heidegger. É vivendo, através de suas ações, que o homem adquire o conhecimento do sentido de sua existência. As noções hescheliana não oferecem uma definição prévia do homem. Pelo contrário, é respondendo às demandas de sua vida que o homem dá sentido à sua existência. Não porque a vida seja absurda e careça de sentido, mas porque para ele o encontro com o sentido é o encontro com o inefável, com o mistério.

- Herético da modernidade

Segundo afirma Heschel, os modernos esqueceram e substituíram o encontro com o mistério, originado da apreciação do mundo, pela manipulação da natureza. Esta se apresenta desde as origens da modernidade como objeto de manipulação. Manipulável é aquilo que está ao alcance da mão e cuja única finalidade é ser usado como objeto de satisfação de necessidades. É a partir daí que os produtos da manufatura, do trabalho, passam a ser chamados de "valores". Não é somente a natureza que passa a não ter valor em si, o corpo humano também passa por um processo de reificação: "Seguindo o exemplo da mão, a visão, a audição e particularmente a fala tornam-se instrumentos de manipulação. O homem começa a usar seus olhos e ouvidos com a finalidade de explorar, suas palavras tornam-se instrumentos"[14]. Esse homem começa a perder o sentido

---

13. Ibid.
14. Op. cit., 82-83.

de companheirismo, de proximidade ao cosmos e ao seu companheiro, o outro homem. A manipulação é a causa da alienação, pois os objetos "fora de mim estão mortos, e eu estou só"[15]. A realidade é, assim, distorcida: só é real o que é manipulável. A razão desse homem alienado só pode ser a razão subjetiva, que Adorno e Horkheimer caracterizaram como último produto do eclipse da razão que assola nossos tempos.

Heschel é taxativo ao afirmar que "uma vida de manipulação é a morte da transcendência"[16]. A manipulação exclusiva do mundo resulta na dissolução do sentido de transcendência. Assim, a própria existência do homem é descartada de qualquer transcendência. Um homem sem a consciência da transcendência não pode ver no seu semelhante nada que seja sagrado. O outro homem torna-se, assim, manipulável e, se não for útil, descartável. Não é só a grandeza do cosmos que se esvai, o homem passa a ver o outro como um não humano. A dignidade da condição humana se esvai.

Para Heschel, a realidade que o homem moderno 'vê' torna-se, em virtude do olhar pragmático da manipulação, uma realidade reduzida às aparências. A transcendência hescheliana não é, porém, um artigo, um dogma de fé. Ela "é aquilo que surge diante de nós quando ficamos face a face com a realidade"[17]. Mostrando nesse ponto uma grande influência da mística judaica, Heschel afirma, como já o tinha feito o rav Kook, que a busca de Deus deveria orientar-se sem receio para o âmago do real. Heschel nos dá o exemplo de uma árvore. Para a visão objetivada, ela é simplesmente uma planta, cujo tronco é fonte de madeira, que servirá para fazer móveis ou papel: "Será que isso é tudo que há na árvore que está diante de mim?"[18]. A

---

15. Ibid.
16. Ibid.
17. Op. cit., 84.
18. Op. cit., 82.

profundidade da realidade das coisas, mesmo das mais triviais, continua imune à vontade de adquiri-las e manipulá-las.

Heschel não nega nem rejeita simplesmente a civilização ocidental moderna, ele a critica a partir de um ponto de vista não ocidental, o da mística judaica, usando, porém, a linguagem da filosofia e do pensamento ocidentais. Heschel, contudo, jamais retornou ao mundo ortodoxo de onde saiu, jamais defendeu a volta ao *shtetl* como a solução para o judeu contemporâneo. É isso que Shaul Magid aponta quando denomina Heschel de um "herético da modernidade"[19], pois, segundo ele, Heschel fala como um acadêmico moderno e, portanto, como alguém que participa ativamente da vida da sociedade, mas utiliza as noções da modernidade contra ela mesma em seu pensamento. Partindo de um olhar tradicional, ele aponta outras facetas para os problemas da atualidade. Assim, ele busca demonstrar a validade de muitos dos *insights* da tradição, sem negar as potencialidades da modernidade. Nas palavras de Magid, Heschel é "simultaneamente um defensor pós-tradicional da tradição e um crítico moderno da modernidade"[20]. Um exemplo poderíamos trazer da noção moderna de direitos humanos. A modernidade tardia trouxe à tona a noção de direitos humanos que em tese todos os Estados filiados à ONU deveriam pôr em prática. Para Heschel, porém, sem a noção prática dos "deveres humanos", que ele formula a partir do conceito de *mitzvá*, os direitos humanos são uma abstração, cujo texto está aí para ser também manipulado.

Heschel vê na modernidade tardia uma crise sem precedentes na história, mas sua crítica não é apocalíptica. A modernidade não é nem o fim insuperável da história, nem necessariamente o princípio de uma era de caos. Conforme ressalta Magid, Heschel, nos meios

---

19. MAGID, Abraham Joshua Heschel and Thomas Merton.
20. Op. cit., 113.

judaicos, assim como Thomas Merton nos meios cristãos, vê muitas potencialidades de superação geradas no seio da própria civilização moderna: "Apesar de responder às questões construídas a partir de pressupostos do 'pensamento moderno', Heschel talvez tenha buscado responder questionando aqueles mesmos pressupostos, não pela rejeição da modernidade, mas por virar a inquirição para um questionamento da vida moderna"[21]. Heschel escreveu para os modernos, não para os detratores da modernidade. Dirigindo-se ao homem moderno, ele quer inspirá-lo à regeneração de sua condição.

Obviamente um herege, no caso, um herege da modernidade, não é um simples renegado qualquer, como um apóstata. Heschel não rejeita a modernidade por entender que ela levantou questões humanas que vão além dos limites da tradição. Ele buscou ir além tanto da modernidade como da tradição, tentando encontrar a simbiose ou a síntese de ambas. É por isso que um verdadeiro herege merece ser lembrado, pois ele é alguém que formula questões que sua geração e mesmo os gerações seguintes não conseguem responder. Devem ser questões fundamentais, que tocam no âmago da cultura desafiando-a: responda-me ou te devoro. Podemos dizer então que, talvez, o herege tenha sido um sábio incompreendido, assim como o sábio, um herege que foi aceito. A situação do herege é, assim, muitas vezes, durante sua vida, a solidão.

A euforia produzida pelo *boom* econômico dos anos 1950 e 1960 renovou nas sociedades modernas a fé no progresso ilimitado. O surgimento, com toda a força, da televisão como *media* poderosa cimentou a sociedade do espetáculo tanto nos países ricos como nos países do socialismo real e do terceiro mundo. Essa euforia apontava em seu discurso para uma era de ouro baseada na manipulação da natureza através da alta tecnologia. No final dos anos 1960, o computador já

---

21. Op. cit., 114.

havia chegado para ficar. O homem moderno renovava sua crença de que ele era o tipo superior de homem termo de todo o processo evolutivo, como nos cartazes em que são desenhados os pré-hominídeos, depois o *homo sapiens* selvagem e por fim, de paletó e gravata, o homem moderno. A modernidade se vê como etapa insuperável da civilização, como em *O mundo desde o fim* de Antonio Cicero[22]. O presente constante da modernidade parece, desde os anos 1950, a culminância dos tempos, e, portanto, do homem individual, que finalmente teria atingido a categoria máxima de consumidor. Naquele momento, não tão distante de hoje, Heschel aparecia como uma das vozes dissonantes que criticava o processo de modernização como a continuação do processo de desumanização e embrutecimento do homem moderno.

Em uma entrevista[23] dada, no início dos anos 1970, ao apresentador de TV Carl Stern, Heschel, de cabelos compridos e brancos, de *kipá* e com uma gravata chamativa, falava da desumanização do homem moderno que se vê como um macaco nu e não nota que a vida para ser de fato humana precisa ser a busca da realização de fins e não apenas a satisfação de necessidades. Segundo Heschel, a animalidade não é o oposto do humano, mas o homem quando se volta para a besta torna-se o seu oposto, que não é o animal, mas o demoníaco[24]. A desumanização, produto da barbárie na civilização, conduz ao cultivo da imagem satânica do homem. O demoníaco é, assim, a oposição do humano, pois este, e não o animal, é o humano degenerado. A humanidade é uma condição precária. Sem o senso do mistério de sua própria existência, que lhe abre as portas para a transcendência, o homem deixa de ser humano:

---

22. CICERO, ANTONIO, *O mundo desde o fim*, Rio de Janeiro, Livraria Francisco Alves Editora, 1995, 162-163. Segundo Cicero, "a concepção moderna é insuperável, pois não é concebível ir-se além da negação negante ou da catacrese".
23. HESCHEL, ABRAHAM J., Carl Stern's interview with Dr. Heschel, in: ID., *Moral grandeur and spiritual audacity*, 395-412.
24. HESCHEL, *Who is man?*, 101.

> O pensamento moderno tem frequentemente perdido seu prumo, por separar o problema da verdade do problema do viver, a cognição da situação total do homem. Tal separação tem resultado no isolamento da razão, em utópicas e irrelevantes concepções sobre o homem. A reflexão isolada não encontra o autoentendimento. A situação humana é desvelada através do viver[25].

Em dezembro de 1972, Abraham Joshua Heschel morreu, poucos dias antes de completar sessenta e cinco anos. Estava em plena atividade intelectual, dando aulas, escrevendo e participando de várias organizações. A morte encontrou-o dormindo. Sua fama e sua influência, no entanto, não cessaram, sobretudo entre intelectuais religiosos norte-americanos judeus e cristãos, sobretudo católicos (estes foram os cristãos que mais o leram). Parece, porém, que a teologia profunda, a noção de *páthos*, ou suas ideias sobre a oração têm sido muito mais estudadas, devido à obra hescheliana ter uma aparência teológica com a qual ele próprio não teria concordado. Minimizou-se muito a questão humana em Heschel e, portanto, sua mensagem política, social e ética, que é um dos focos de seu pensamento. Assim como em Buber se estuda mais o conceito de "diálogo" do que o de "comunidade", em Heschel tem sido mais estudada a "espiritualidade" do que a "ética humanista" inerente ao seu pensamento. Talvez seja natural em uma obra tão vasta que certos tópicos sejam mais estudados do que outros. Recentemente, em especial através da obra de Edward Kaplan, a piedade poética e humanista hescheliana tem sido cada vez mais colocada em pauta.

Quase trinta anos depois de sua morte, a crise geral da civilização moderna tem se agravado, justamente quando essa mesma civilização realiza o seu devir, que já era anunciado desde seu início nas grandes navegações: a globalização. Este é um momento histórico

---

25. Op. cit., 110.

único no caminho milenar dos homens neste planeta. Nunca antes chegou-se a uma estrutura de civilização planetária, nunca antes a ciência e a técnica estiveram tão próximas de desvendar os segredos do genoma humano. O *homo sapiens*, única espécie de seu gênero, poderia dar um grande salto para a realização da humanidade. E, no entanto, a espécie, a biosfera, as sociedades humanas e o planeta encontram-se seriamente ameaçados pelo próprio processo de modernização. Como dizia Heschel, a desumanização pode por fim levar ao aniquilamento físico dos homens e, como agora sabemos, também de outras espécies com as quais compartilhamos o planeta.

Segundo Bornheim[26], a questão do humano é o grande desafio a ser enfrentado no século XXI, uma vez que o século começa em meio à maior crise da civilização de toda a história. Segundo Kurz e o Grupo Krisis, a superação da crise atual passa necessariamente pelo despertar da dignidade humana adormecida. É a própria crise da civilização que torna, portanto, o pensamento hescheliano atual. Se a religião é relevante ainda hoje como fonte de inspiração, então ela também deverá por sua vez participar do debate atual. Não basta vender a salvação pela TV, é necessário participar da busca pela redenção.

Heschel foi um dos primeiros pensadores judeus depois do Holocausto a falar em renovação judaica. Mas o que é essa renovação? Será ela uma nova linguagem? Será a adaptação da tradição, sem questionamentos à sociedade de consumo? O foco central do judaísmo não está em uma nova teologia, mas antes no reencontro com a dignidade humana. Essa dignidade poderia ser despertada, segundo Heschel, com o reencontro do tempo dos homens enquanto tempo da vida. Não o tempo morto dos relógios, mas o tempo vivo dos calendários. Heschel e Benjamim concordam que é na celebração que está

---

26. Entrevista com o professor Gerd Bornheim, da Unicamp, na TV Cultura, que foi ao ar em 1999.

uma das chaves para acordar o homem moderno de seu torpor: "É claro o fato de que o homem não pode viver este estilo de vida vazio. Ele precisa de exultação. Ele precisa de momentos de celebração. Uma das mais importantes coisas é ensinar o homem a como celebrar"[27]. É celebrando a vida que o ser humano, para além do cotidiano do trabalho, do lazer e do consumo, se abre para a possibilidade de encontrar na transcendência o sentido imanente de sua própria humanidade.

---

27. HESCHEL, Carl Stern's interview with Dr. Heschel, 412.

Apêndice
Cronologia de Heschel[1]

1907	Nasce em Varsóvia em uma família hassídica.
1916	Morre seu pai, o *Rebe* Mordekhai Heschel.
1923	É ordenado rabino aos 16 anos pelo Rabino Menachem Zemba, em nome do rabinato ortodoxo de Varsóvia.
1927	Após concluir o curso em Vilna, vai para a Universidade de Berlim.
1932	Torna-se instrutor de Talmud na *Hochschule für die Wissenschaft des Judentums* em Berlim.
1933	Publica a coletânea de poemas em iídiche *Der Shem Hamefoiresh: Mensch*, em Varsóvia. No mesmo ano recebe em Berlim o grau de doutor por seu estudo *Die Prophetie*.
1934	É ordenado rabino pela Hochschule.
1935	Publica um estudo em alemão sobre Maimônides.
1937	Torna-se diretor da *Jüdisches Lehrhaus* em Frankfurt, sucedendo Martin Buber.
1938	É deportado para Varsóvia pelo regime nazista, onde ensina no recém-fundado Instituto de Estudos Judaicos.
1939	Muda-se para Londres.

---

1. Esta cronologia se baseia em outra feita por Daniel Breslauer em "The impact of A. J. Heschel as Jewish leader in the American Jewish Community from 1960' to his death" e em dados fornecidos por KAPLAN, *Prophetic witness*.

1940	Ajuda a fundar o *Institute for Jewish Learning*, em Londres. É convidado para assumir uma cátedra no *Hebrew Union College*, em Cincinnati, nos Estados Unidos.
1942	Publica seu primeiro artigo em inglês: "An analysis of piety" na *Review of Religion*.
1943	Torna-se professor associado de filosofia no *Hebrew Union College*.
1945	Aceita o cargo de professor de ética e mística judaica no *Jewish Theological Seminary of America*.
1946	Casa-se com Sylvia Strauss, com quem terá uma filha, Susannah.
1950	Publica *The earth is the Lord's*.
1951	Publica *The Shabbat* e *Man is not alone*.
1954	Publica *Man's quest for God*.
1956	Publica *God in search of man*.
1958	Profere, em Jerusalém, durante uma conferência sobre "Ideologia e judaísmo", um discurso em que afirma que a ênfase do judaísmo deveria ser religiosa antes que nacional.
1959	Opõe-se ao apoio à Organização Sionista Mundial dado pela *United Synagogue of America*.
1960	Discursa na Casa Branca durante a conferência sobre infância e juventude.
1961	Torna-se consultor junto ao Cardeal Bea sobre a visão católica dos judeus.
1962	Publica *The prophets*, tradução e ampliação de sua tese de doutorado.
1963	Profere uma série de palestras na *University of Stanford*. Palestra na conferência sobre raça e religião em Chicago. Palestra sobre as implicações morais do rabinato no *Jewish Theological Seminary of America*.
1964	Palestra na conferência sobre raça e religião em Nova York. Encontra-se com o Papa Paulo VI em Roma, durante o Concílio Vaticano II.

1965	Publica *The insecurity of freedom* e *Who is man?* Torna-se professor visitante no *United Theological Seminary*, protestante. Marcha ao lado de Martin Luther King em Selma, Alabama, em prol dos direitos civis dos afro-americanos.
1966	Participa de várias manifestações em favor da causa dos judeus soviéticos.
1967	Publica "The moral outrage of Vietnam" em *Vietnam. Issue of conscience*. Apoia os objetores de consciência que se recusam a ir ao Vietnã.
1969	Publica *Israel an echo of eternity*. Continua suas campanhas contra a Guerra do Vietnã e em prol dos judeus soviéticos.
1970	Continua suas campanhas contra a Guerra do Vietnã e em prol dos judeus soviéticos.
1972	Morre em 23 de dezembro.

Bibliografia

Obras de Heschel

A passion for truth. Woodstock: Jewish Lights Publishing, 1995 [1973].

Between God and man. An interpretation of Judaism. Selected, ed. and introduced by Fritz A. Rothschild. New York: Collier Macmillan Press, 1969 [1959].

Der Shem Hamefoiresh: Mensch. Warszawa: Druk Grafica, 1933.

Deus em busca do homem. São Paulo: Paulinas, 1975.

God in search of man. A philosophy of Judaism. New York: The Noonday Press, 1997 (1955).

Human, Gods ineffable name. Freely rendered by Rabbi Zalman Shacher-Shalomi, prived published 1973.

I asked for wonder. A spiritual anthology of A. J. Heschel. Ed. Samuel Dresner. New York: Crossroad, 1996.

Israel an echo of eternity. Woodstock: Jewish Light Publishing, 1967 [1997].

La democracia y otros ensayos. Buenos Aires: Seminario Rabínico Latinoamericano, 1987.

Man is not alone. A philosophy of religion. New York: The Noonday Press, 1997 [1951].

Man's quest for God. Studies in prayer and symbolism. New York: The Scribner Press, 1954.

Moral grandeur and spiritual audacity. Essays. Ed. Susannah Heschel. New York: The Noonday Press, 1997 [1996].

O homem à procura de Deus. São Paulo: Paulinas, 1974.

O homem não está só. São Paulo: Paulinas, 1974.

Prophetic inspiration after the prophets. Maimonides and other medieval authorities. Ed. Morris Idel. Hoboken: Ktav Publishing House, 1996.

The circle of the Baal Shem Tov. Studies in Hasidism. Ed. Samuel H. Dresner, Chicago, University of Chicago Press, 1985.

The earth is the Lord's. The inner world of Jew in eastern Europe. Woodstock: Jewish Lights Publishing, 1995 [1949].

The ineffable name of God: man. London & New York, Continuum, 2005.

The insecurity of freedom. Essays on human existence. New York: Shocken Books, 1966 [1959].

The prophets. New York: Harper and Row Publishers, 1998 [1962], v. 1 e 2.

The Sabbath. Its meaning for modern man. New York: The Noonday Press, 1979 [1951].

To grow in wisdom. An anthology. Ed. Jacob Neusner. London: Madson Books, 1990.

Torá min Hashamaim Be-Aspaklalia shel Hadorot. London: Soncino Press, v. 1, 1962; v. 2, 1965 (em hebraico).

Torá min Hashamaim Be-Aspaklalia shel Hadorot. New York: JTS Press, 1990, v. 3.

Who is man? Stanford: Stanford University Press, 1995 [1963].

Comentários à obra de Heschel

BACCARINI, Emilio. O homem e o páthos de Deus. In: PENZO, Giorgio; GIBELLINI, Rosino (org.). *Deus na filosofia do século XX*. São Paulo: Loyola, 1998.

BOROWITZ, Eugene. *Choices in modern Jewish thought. A partisan guide.* New York: Behrman House Inc., 1983.

BRESLAUER, S. Daniel. *The impact of A. J. Heschel as Jewish leader in the American Jewish Community from the 1960's to his death. A social, psychological, and intellectual study.* A dissertation submitted to Brandeis University for Ph.D., 1994.

DRESNER, Samuel H. Heschel, Hassidism, and Halakha. New York: Fordham University Press, 2002.

EVEN-HEN, Alexander. *Kol min Ha-Arafel. Avraham Yoshua Heschel bein Fenomenologuia Le-Mistica.* Tel Aviv: Am Oved Publishers, 1999.

——. The Torah, revelation, and scientific critique in the teachings of Abraham Joshua Heschel. *Conservative Judaism*, v. 50, n. 2-3 (winter/spring 1998) 67-76.

FIERMAN, Morton C. *Leap of action. Ideas in the theology of A. J. Heschel.* Lanhan: University Press of America, 1990.

FRANK, Stephen. Abraham Joshua Heschel and William James. An unorthodox but Edifying Union. *Conservative Judaism*, v. 59 (winter 2007) 12-25.

GAMBERINI, Paolo. Il "Páthos" di Dio nel pensiero di Abraham Joshua Heschel. *La Civiltà Cattolica*, v. 2, caderno 3551 (1998).

GILLMAN, Neil. Epistemological tensions in Heschel's thought. *Conservative Judaism*, v. 50, n. 2-3 (winter/spring 1998) 77-83.

———. The dynamics of prophecy in the writings of Abraham Joshua Heschel. In: GLAS, Gerrit (org.). *Hearing visions and seeing voices*. Dordrecht: Springer, 2007, 41-52.

———. *Fragmentos sagrados. Recuperando a teologia para o judeu moderno*. São Paulo: Comunidade Shalom, 2007.

GREENE, Arthur. *Three Warsaw mystics. The Covenantal Community*. Moscow: Memorial Foundation, 1995. Apostila editada pela Memorial Fundation, para uso do Professor Greene no Seminário Acadêmico Judaico-Europeu Nahum Goldman Fellowship.

GROSS, Victor. *The legacy of Abraham Joshua Heschel*. A dissertation submitted to the University of California, Berkley, for Ph.D., 1987.

HAZAN, Gloria. *Filosofia do judaísmo em Abraham Joshua Heschel*. Consciência religiosa, condição humana e Deus. São Paulo: Perspectiva, 2008.

HYMAN, James. *Abraham Heschel and the trope of meaning*. Dissertation submitted to Department of Religious Studies, Stanford University, for PhD, 1996.

IBBA, Giovanni. "Dialogando" com Abraham Joshua Heschel. *Nuova Umanità*, v. 18 (1996).

KAPLAN, Edward K. *Holiness in words. A. J. Heschel poetics of piety*. Albany: State University of New York Press, 1996.

———. *Prophetic witness*. London: Yale University Press, 1998.

———. Sous le regard de Dieu. Vénération, morale, et sainteté Juive. *Service International de Documentation Judéo-Chrétienne*, v. 30, n. 1 (1997).

———. *Spiritual radical. Abraham Joshua Heschel in America*. New Haven & London: Yale University Press, 2005

KASINOW, Harold. *Divine-human encounter. A study of A. J. Heschel*. Philadelphia: Temple University, 1975.

LEVIN, Leonard. Heschel's homage to the rabbis. *Torah min ha-shamayim* as historical theology, a twenty-fifth Yahrzeit tribute. *Conservative Judaism*, v. 50 (winter/spring 1998).

MAGID, Shaul. Abraham Joshua Heschel and Thomas Merton. Heretics of modernity. *Conservative Judaism*, v. 50, n. 2-3 (winter/spring 1998) 114-115.

MERKLE, John C. *The genesis of faith. The depth theology of A. J. Heschel.* New York: Macmillan Publishing Company, 1985.

———. Tradition, faith, and identity in Abraham Joshua Heschel's religious philosophy. *Conservative Judaism*, v. 36, n. 2 (1982).

PERI, Paul F. *Education for piety. An investigation of the works of A. J. Heschel.* A dissertation submitted to Columbia University, 1980.

PERLMAN, Lawrence. Revelation and prayer. Heschel's meeting with God. *Conservative Judaism*, v. 60, n. 3 (spring 2008) 76-88.

SCOLNIC, Benjamin (ed.). Abraham Joshua Heschel. A twenty-fifth Yahrzeit tribute. *Conservative Judaism*, v. 50 (winter/spring 1998).

SHANDLER, Jeffrey. Heschel and Yiddish. A struggle with signification. *The Journal of Jewish Thought and Philosophy*, v. 2 (1993) 245-299.

SHERMAN, Franklin. *The promise of Heschel.* Philadelphia: J. B. Lippincott Company, 1970.

STAMPFER, Joshua. *Prayer and politics. The twin poles of Abraham Joshua Heschel.* Portland: Institute of Judaic Studies, 1985.

TANENZPF, Sol. Heschel and his critics. *Conservative Judaism*, v. 23, n. 3 (summer 1974).

TANGORRA, Giovanni. Heschel, il teologo poeta. *Septimana*, n. 46 (dezembro 1997).

TUCKER, Gordon. Heschel's Torah min ha-shamayim. Ancient theology and contemporary autobiography a twenty-fifth Yahrzeit tribute. *Conservative Judaism*, v. 50 (winter/spring 1998) 48-55.

WASKOW, Arthur. My legs were praying. Theology and politics in Abraham Joshua Heschel. *Conservative Judaism*, v. 50, n. 2-3 (winter/spring 1998) 144-145.

WAXMAN, Mordecai. Abraham Joshua Heschel, a Yahrzeit tribute. *Conservative Judaism*, v. 28, n. 1 (1973).

WAXMAN, Mordechai (ed.). Abraham Joshua Heschel. A Yahrzeit tribute. *Conservative Judaism*, v. 28 (fall 1973).

Bibliografia auxiliar

ARENDT, Hannah. *A condição humana*. 9. ed. Rio de Janeiro: Forense Universitária, 1999.

BAUMAN, Zygmunt. *Modernidade e ambivalência*. Rio de Janeiro: Jorge Zahar, 1995.

BENJAMIN, Walter. *Rua de mão única*. São Paulo: Brasiliense, 1987. (Col. Obras Escolhidas).

———. *Teses sobre a filosofia da história*. São Paulo: Ática, 1985. (Col. Grandes Cientistas Sociais).

BERMAN, Marshall. *Tudo que é sólido desmancha no ar. A aventura da modernidade*. São Paulo: Companhia das Letras, 1996.

BOFF, Leonardo. *Saber cuidar. Ética do humano, compaixão pela terra*. Petrópolis: Vozes, 1999.

BOUDON, Raymond; BOURRICAUD, François. Modernização. In: *Dicionário crítico de sociologia*. São Paulo: Ática, 1993, 361-368.

BUBER, Martin. *O socialismo utópico*. São Paulo: Perspectiva, 1986.

———. *Sobre comunidade*. São Paulo: Perspectiva, 1987. (Col. Debates).

CARRASCO, Alexandre Oliveira Torres; FURTADO, Joaci Pereira. Entrevista: Marilena Chauí. *Cult*, n. 35, ano 3 (2008) 54.

CHOURAQUI, André. *Os homens da Bíblia*. São Paulo: Schwartz, 1990. (Col. A Vida Cotidiana).

CÍCERO, Antonio. *O mundo desde o fim*. Rio de Janeiro: Francisco Alves, 1995.

CLAUDÍN, Fernando. *A crise do movimento comunista*. São Paulo: Global, 1985.

COMTE-SPONVILLE, André. *Pequeno tratado das grandes virtudes*. São Paulo: Martins Fontes, 1995.

DALLE NOGARE, Pedro. *Humanismos e anti-humanismos. Introdução à antropologia filosófica*. Petrópolis: Vozes, 1982.

DEBORD, Guy. *A sociedade do espetáculo. Comentário à sociedade do espetáculo*. Rio de Janeiro: Contraponto, 1998.

ENGELS, Friedrich. A humanização do macaco pelo trabalho. In: ———. *Dialética da natureza*. São Paulo: Paz e Terra, 1979.

FROMM, Erich. *A revolução da esperança. Por uma tecnologia humanizada*. Rio de Janeiro: Zahar, 1997.

GRUPO KRISIS. *Manifesto contra o trabalho*. São Paulo: Labur, 1999.
GUINSBURG, Jacó. *O judeu e a modernidade*. São Paulo: Perspectiva, 1970.
HALBWACHS, Maurice. *A memória coletiva*. São Paulo: Revista dos Tribunais, 1990.
HERF, Jeffrey. *O modernismo reacionário. Tecnologia, cultura e política na República de Weimar e no 3º Reich*. Campinas: Unicamp, 1993.
HOBSBAWM, Eric. *Era dos extremos*. São Paulo: Companhia das Letras, 1995.
JAPPE, Anselm. *Guy Debord*. Petrópolis: Vozes, 1999.
JONAS, Hans. *Le concept de Dieu après Auschwitz*. Paris: Payot & Rivages, 1984.
KAPLAN, Mordechai. *Judaism as a civilization-toward a reconstruction of American-Jewish life*. New York: The Reconstructionist Press, 1972.
KURZ, Robert. *O colapso da modernização. Da derrocada do socialismo de caserna à crise da economia mundial*. Rio de Janeiro: Paz e Terra, 1992.
——. *O retorno de Potemkin. Capitalismo de fachada e conflito distributivo na Alemanha*. Rio de Janeiro: Paz e Terra, 1993.
——. *Os últimos combates*. Petrópolis: Vozes, 1997.
LEFEBVRE, Henri. *Introdução à modernidade, prelúdios*. Rio de Janeiro: Paz e Terra, 1969. (Série Rumos da Cultura Moderna, v. 24).
——. *O marxismo*. Rio de Janeiro: Bertrand Brasil, 1988.
LÉVINAS, Emmanuel. *Humanismo do outro homem*. Petrópolis: Vozes, 1972.
——. *Nine Talmudic readings*. Indianapolis: Indiana University Press, 1994.
——. *Totalidade e infinito*. Lisboa: Edições 70, 1980.
LOPES, Genésio. *Ao deus da modernidade. Praticidade versus sensibilidade*. São Paulo: Livre Pensador, 1999.
LÖWY, Michael. *Redenção e utopia. O judaísmo libertário na Europa Central*. São Paulo: Companhia das Letras, 1989.
——; SAYRE, Robert. *Revolta e melancolia. O romantismo na contramão da modernidade*. Petrópolis: Vozes, 1995.
LUXEMBURGO, Rosa. *O socialismo e as igrejas. O comunismo dos primeiros cristãos*. Rio de Janeiro: Dois Pontos, 1986.
MELO, Alex Fiúza de. Viagem ao redor da terra (ou a volta ao mundo em quinhentos anos). Uma leitura metafórica da epopeia da ocidentalização. *Revista Vozes*, v. 91, n. 2, ano 91 (mar.-abr. 1997) 9-22.

NOVECK, Simon. *Contemporary Jewish thought*. Washington: B'nai B'rith Books, 1985.

PICO DELLA MIRANDOLA, Giovanni. *Discurso sobre a dignidade do homem*. Ed. bilíngue. Lisboa: Edições 70, 1989.

REHFELD, Walter. *Tempo e religião. A experiência do homem bíblico*. São Paulo: Perspectiva, 1988.

RIBEIRO DE SANTI, Pedro Luiz. *A construção eu na modernidade. Da Renascença ao século XIX*. Ribeirão Preto: Holos, 1998.

ROTHSCHILD, Fritz, Introduction. In: ——. *Between God and man. An interpretation of Judaism*. New York: The Free Press, 1965, 28-32

SCHACHTER-SHALOMI, Zalman. *Paradigm shift*. Philadelphia: Aronson, 1993.

SCHEFFCZYC, Leo. *O homem moderno e a imagem bíblica do homem*. São Paulo: Paulinas, 1976.

SCHOLEM, Gershon. *Grandes correntes da mística judaica*. São Paulo: Perspectiva, 1972. (Col. Estudos, 12).

SELTZER, Robert M. *Povo judeu, pensamento judaico*. Rio de Janeiro: A. Koogan Editor, 1989. (Col. Judaica, tomo II).

SILVEIRA DA COSTA, José. *Max Scheller. O personalismo ético*. São Paulo: Moderna, 1996.

SORJ, Bernardo; GRIN, Monica (org.). *Judaísmo e modernidade. Metamorfoses da tradição messiânica*. Rio de Janeiro: Imago, 1993.

SOUZA, Eneida Maria (org.). *Modernidades tardias*. Belo Horizonte: Ed. UFMG, 1998.

THIELEN, Helmut. *Além da modernidade? Para a globalização de uma esperança conscientizada*. Petrópolis: Vozes, 1998.

Edições Loyola

editoração impressão acabamento
Rua 1822 n° 341 – Ipiranga
04216-000 São Paulo, SP
T 55 11 3385 8500/8501, 2063 4275
www.loyola.com.br